Georg Jacob

Welche Handelsartikel bezogen die Araber des Mittelalters aus den nordisch-baltischen Ländern?

Georg Jacob

Welche Handelsartikel bezogen die Araber des Mittelalters aus den nordisch-baltischen Ländern?

ISBN/EAN: 9783955640392

Auflage: 1

Erscheinungsjahr: 2013

Erscheinungsort: Bremen, Deutschland

EHV
HISTORY

Welche Handelsartikel

bezogen

die Araber des Mittelalters

aus den

nordisch-baltischen Ländern?

Von

Dr. Georg Jacob.

2. gänzlich umgearbeitete u. vielfach vermehrte Auflage.

Berlin.
Mayer & Müller.
1891.

Es ist eine bekannte Thatsache, dass an den baltischen Küsten und in einem grossen Teile Russlands arabische Silbermünzen gefunden werden; wenigen aber dürften die enormen Ziffern dieser Funde bekannt sein. Um von ihrer Zahl und Verbreitung einen Begriff zu geben, erwähne ich, dass schon im Jahre 1857 Prof. Tornberg (Lund) 169 Oertlichkeiten[1]) allein in Schweden constatirt hatte, an welchen arabisches Geld ausgegraben war und Baron von Tiesenhausen im 3. Bande der Wiener Numismatischen Ztschr. einen Fund aus dem Gouvernement Wladimir bespricht, der aus 11077 Exemplaren bestand, unter denen sich 10079 Sâmânidendirhems befanden. „Ich habe," sagt Hans Hildebrand,[2]) „die Funde in Tornberg's Nummi cufici und in dem Fundverzeichnis des Stockholmer Centralmuseums zusammengezählt und gefunden, dass auf Gotland im Laufe der Zeit über 13000 arabische Silbermünzen gefunden sind, wobei zu erwägen, dass manche nicht zu unserer Kenntnis gekommen und für die Wissenschaft verloren gegangen sind." [3])

---

[1]) ZDMG. Bd. XI 1857 S. 547.

[2]) Das heidnische Zeitalter in Schweden. Eine archäologisch-histor. Studie. Nach d. 2. schwedischen Originalausg. übers. von J. Mestorf. Hamburg 1873 S. 184.

[3]) Eine neue Statistik der Münzfunde würde, da wir über Verbreitungsgebiet und Häufigkeit derselben genügend orientirt sind und auf vereinzelte Erscheinungen hier keine Schlüsse gebaut werden dürfen, voraussichtlich keine neuen Ergebnisse für die Wissenschaft zeitigen. Unternimmt aber Jemand diese Fingerarbeit, so sollte er wenigstens nicht Verwirrung anrichten wie Dr. Menadier, der, allem Anschein nach aus Unklarheit über die Grundbegriffe der Numismatik, Funde, die mit der allergrössten Wahrscheinlichkeit nur aus arabischen Silbermünzen bestanden, als Denarfunde

Schon am Anfange des vorigen Jahrhunderts hat diese Erscheinung die Aufmerksamkeit der Gelehrten auf sich gezogen, welche schliesslich darin übereinkamen, dass nur die Annahme eines lebhaften Handelsverkehrs zwischen den Nordostmarken des Khalîfats (Khârezm, Mâ-warâ-an-nahr etc.) und dem baltischen Norden die Erscheinung befriedigend erklären könne.

In der ersten Hälfte unseres Jahrhunderts wurde durch den von Frähn eingeschlagenen Weg der Wissenschaft hier ein neues Forschungsgebiet erschlossen, indem dieser bahnbrechende Gelehrte von einer Befragung der arabischen Quellen [1]) ausging, denn von abendländischen Nachrichten konnte, da dieser Verkehr die christlichen Länder gemieden zu haben scheint, kaum die Rede sein.

---

registrirt s. Sallet's Ztschr. 15. Bd. 1887 S. 168 ff. Die anderen Mängel seines Versuches zu rügen ist hier nicht der Ort; doch tritt beispielsweise die Unvollständigkeit seiner Statistik in so hohem Grade zu Tage, dass Herr L. von Jażdzewski zu seinen 22 Funden aus Posen sofort 16 übersehene, also fast die Hälfte, nachzutragen hatte s. Posener Archäolog. Mitteilungen. Bd. 1. 1889. S. 53 ff. Dabei ist dieser Nachtrag nicht einmal vollständig, wovon man sich z. B. durch Vergleichung mit der trefflichen Arbeit von Lissauer, Die prähistorischen Denkmäler der Provinz Westpreussen. Leipzig 1887 S. 179 ff. überzeugen kann.

[1]) Die törichte Verachtung arabischer Quellen, welche bei ihrer unkundigen Occidentalisten gelegentlich meiner Arbeit wieder zum Ausbruch gekommen ist, mag durch folgende Bemerkung eines gereiften Gelehrten gerichtet werden, der, obwohl kein Orientalist, seit Decennien in der Lage war den historischen Wert abendländischer und morgenländischer Geschichtsschreibung vergleichend zu prüfen. Prutz entscheidet sich in seiner Kulturgeschichte der Kreuzzüge S. 54 zu Gunsten der Araber und bemerkt, nachdem er einige arabische Historiker namhaft gemacht hat: „Man stelle dann diesen Arbeiten das Beste an die Seite, was in der gleichen Zeit die Historiographie des Abendlandes geschaffen hat; man wird nicht lange im Zweifel darüber sein, wo mehr wirklich historischer Geist, mehr politisches Verständnis, mehr Sinn für Form und die grössere Kunst der Darstellung zu finden ist." S. 52/53: „Ein überraschend humaner und aufgeklärter Geist spricht aus Allem [?], was diese Philosophen und Gelehrten von Bagdad geschaffen haben, und man begegnet in ihren Werken Anschauungen, wie sie sonst erst in viel späteren Jahrhunderten ausgesprochen sind."

Auf die Frage, welche der Titel stellt, antwortet eine Maqdesîstelle, die Frähn noch unbekannt gewesen zu sein scheint, und welche bei aller Kürze so erschöpfend ist, dass man die ganze Abhandlung gewissermassen als einen Commentar zu ihr ansehen kann. Die vorliegende zweite Auflage kann, da vierjährige arabische Lektüre zwischen ihr und der ersten liegt, obwohl sachlich wenig zu ändern war, doch der weit zahlreicheren Quellenbelege und der durch sie bedingten Erweiterungen und Kürzungen wegen als ein vollständig neues Buch betrachtet werden, in dem wenige Sätze stehen geblieben sind. Vor allem war mir bei meiner Arbeit der Verkehr mit einem der kenntnisreichsten und exaktesten Kenner des vorderen Orients in Berlin, Herrn Prof. Martin Hartmann von hohem Werte; namentlich, wo die Interpretation der Texte Schwierigkeiten machte, habe ich kaum jemals vergeblich seinen Rat erbeten. Auch wird es mir stets eine angenehme Lebenserinnerung bleiben, dass gemeinsame Arbeit an der Königlichen Bibliothek und vielfach gemeinsame Interessen mich dem grössten Kenner der hebräischen Profan-Literatur, Herrn Dr. M. Steinschneider, näher brachten, in dem ich den stets wohlwollenden Berater nicht minder als den Forscher verehre. Ich müsste die Superlative noch häufen, um den Herren Prof. Nöldeke, Dr. Andreas, Prof. Arendt, v. Kunik, v. Spiegel für ihre brieflichen Mitteilungen, endlich den Herren Prof. Aug. Müller und Baron v. Tiesenhausen für ihre Kritiken, aus denen ich viel gelernt zu haben glaube, den schuldigen Dank zu zollen. Herr Prof. Stern unterstützte mich mit bekannter Liebenswürdigkeit bei meinen handschriftlichen Studien; schliesslich verdanke ich der Liberalität der Herzogl. Bibliothek zu Gotha die Benutzung ihrer Abû Ḥâmid- und Ġarnâṭî-Handschrift zu Berlin, welche ich an einschlägigen Orten nur kurz erwähne, weil ich demnächst grössere Mitteilungen aus denselben zu machen beabsichtige. Andrerseits sehe ich mich zu meinem Bedauern genötigt, am Schlusse der wissenschaftlichen Untersuchung noch kurz von den von Unwissenheit strotzenden „Besprechungen“ Notiz zu nehmen, welche 3 Laien auf orientalischem Gebiet, die Herren Dr. Liesegang, Menadier, Krause über mich zusammengeschrieben haben. Im Uebrigen hasse ich die Polemik, so dass ich die Fehler meiner Vorgänger oft stillschweigend berichtigt habe, wovon sich der Nachprüfende überzeugen kann. Die arabischen Texte liess ich mit Rücksicht auf die Herstellungskosten nicht mit abdrucken; doch habe ich bisweilen, wo es mir wünschenswert erschien, statt der Uebersetzung das Original mitgeteilt, indem ich nicht beabsichtigte, Eselsbrücken für des Arabischen unkundige Historiker zu schaffen. Wer die aus der Sorglosigkeit der Orientalisten in dieser Hinsicht erwachsenen Misstände kennt, wird dies billigen.

Die erwähnte Maqdesîstelle findet man in de Goeje's Ausg. S. 324/5: [Zu ergänzen ist ويرتفع]

ومن خوارزم السّمّور والسّنجاب وقاقون وفنك ودَلَه والثّعالب وخزبوست وخرگوش ملوّن والشّمع والنّشاب والتّوز والقلانس وغرا السّمك واسنان السّمك وخزميان وكهرؤا وكيمخت والعسل والبندق وابوز والسّيوف والدّروع والخلنج ورقيق من الصّقالبة والاغنام ولبقر كلّ هذا من بلغار

„Und von Khârezm: Zobel, Vehe, Hermelin, Korsak, Marder, Füchse, Biberfelle, bunte Hasen, Ziegenfelle, Wachs, Pfeile, Birkenrinde, Mützen, Fischleim, Fischzähne, Bibergeil, Bernstein, gekörntes Leder, Honig, Haselnüsse, Habichte, Schwerter, Panzer, Ahorn, slawische Sklaven, Kleinvieh und Rinder: alles dieses von Bulġâr her [beziehungsweise: über Bulġâr.]“

Mit Bulġâr haben wir bereits das nördliche Europa erreicht; wir werden aber im weiteren Verlauf der Untersuchung sehen, dass dies für die meisten der genannten Artikel, wie für den Bernstein, nur Durchgangsstation war und viele aus erheblich nördlicher gelegenen Gegenden kamen. Leider haben wir auch hier den Verlust äusserst wertvoller arabischer Quellen zu beklagen. Besässen wir den vollständigen Ibn Faḍlân, Bulġârî's Geschichte Bulġârs [1]), des Gâḥiẓ كتاب التبصّر بالتجارة [2]), das Werk des Burhân-ed-Dîn Ibrâhîm ibn Jûsuf Bulġârî über einfache Heilmittel [3]) u. a., so würde sich das Bild, welches wir zeichnen, vermutlich noch um vilicher leutseed gestalten.

---

[1]) Qazwînî II S. 412.

[2]) Tha'âlibî, Laṭâif al-ma'ârif S. 128.

[3]) مفردات البلغاری Ḥ. Kh. S. IV 34 No. 12624.

Sklaven.

Reinaud, Invasions des Sarrazins en France (Paris 1836, S. 233—9) handelt ziemlich eingehend über den mittelalterlichen Sklavenhandel, der im Gegensatz zu den andern Handelsartikeln vorwiegend den westlichen Weg über Spanien nahm, eben weil hier ein geordneter Grenzverkehr kaum bestand. Die arabischen Münzfunde sind daher, wie wir früher gezeigt haben, höchstens in geringem Maasse in einen directen Zusammenhang mit diesem Handelszweig zu setzen; denn ich muss meine Behauptung aufrecht halten, dass die verhältnismässig wenigen Dirhems aus dem Maġrib, welche an den baltischen Küsten vorkommen, zunächst Nordafrika von Westen nach Osten durchwandert haben.[1])

Der Handel mit slawischen Sklaven nach den Ländern der Araber wird ausser von Maqdesî a. a. O. noch mehrfach bezeugt.

Bei Ibn Rosteh (Dastah), einem Geographen aus dem Anfange des 10. Jhd., von dem sich eine Handschrift im Britischen Museum (No. 1310) befindet, heisst es in dem von Chwolson hrgb. Teil S. 35 von den Waräger-Russen (Rûsîja):

„Sie unternehmen Razjas gegen die Slawen, indem sie auf Schiffen fahren und dann eine Landung gegen dieselben ausführen, Gefangene machen und sie nach Khazarân[2]) und zu den Bulġâren bringen, die sie von ihnen kaufen."

---

[1]) S. das folgende Maqqarîcitat (Leidener Ausg. I S. 92) und Dozy, Geschichte der Mauren in Spanien I S. 350. Die Betonung dieses einen Punktes würde genügen, Herrn Menadier's Unwissenheit zu charakterisiren, welcher behauptet hat, dass der numismatische Teil meiner Doctorarbeit nichts Neues gebracht hätte.

[2]) Conjectur Chwolsons: die Handschrift hat خروان. Gemeint ist

Ferner berichtet Ibn Rosteh ed. Chwolson S. 27 von den Magyaren مجغرية:

„Sie unternehmen Razjas gegen die Slawen und fahren mit den Gefangenen längs der Küste, bis sie mit ihnen zu einem Hafen des Landes Rûm gelangen, der Karkh[1]) genannt wird. Auch wird berichtet, dass die Khazaren in früheren Zeiten einen Graben um sich gezogen hatten aus Furcht vor den Magyaren und anderen Nachbarvölkern. Wenn die Magyaren mit ihren Gefangenen nach Karkh kommen, gehen die Griechen heraus zu ihnen, und sie markten dort und geben an sie ihre Gefangenen ab und nehmen dafür griechischen Dîbâg[2]), Wolldecken[3]) und andere griechische Waaren."

Ibn Khordâdhbeh ed. de Goeje S. ٩٢:

„Rom, Burgân[4]) und die Länder der Slawen und Avaren nördlich von Spanien. Man exportirt über das westliche Meer slawische, römische, fränkische und langobardische Diener[5]), römische und spanische Mädchen, Biberhäute, Pelzwerke und von Parfums Storax und von Droguen Mastix[6])..."

Dazu hat Ibn al-Faqîh (schrieb um 900 D.) ed. de Goeje S. 83/84 folgende Parallelstelle:

„Burgân und die Länder der Slawen und Avaren nörd-

---

wol der östliche Teil von Itil (Astrachan), der nach Ibn Ḥauqal ed. de Goeje S. 278 Khazarân hiess, in welchem sich nach S. 281 desselben Autors der Handel concentrirte.

1) Nach Ibn Rosteh am schwarzen Meer.

2) s. Alfred v. Kremer, Kulturgeschichte des Orients unter den Khalifen II S. 290: „Ganz Seide war der hoch geschätzte Dibâg-Stoff, ein schweres Seidenzeug, das sich durch bunte Muster auszeichnete und dessen Styl, wie ich glaube, durch die bunten grossblumigen Verzierungen der katholischen Messgewänder sich bis in unsere Tage erhalten hat."

3) Zu زلية vergl. Tha'âlibî, Laṭâif al-ma'ârif ed. de Jong. Leiden 1867 S. 132; Fränkel, Aramäische Fremdwörter S. 103.

4) Donaubulgaren.

5) Das von uns durch „Diener" übersetzte Wort kann auch „Eunuchen" bezeichnen.

6) Über المبعة vergl. Lane-Zenker II S. 68.

lich von Spanien. Aus dieser Gegend kommen slawische Diener, römische und fränkische Jünglinge und spanische Mädchen und Biberhäute, Pelzwerk und Zobel, und von Parfums Storax und Mastix."

Ibn Khordâdhbeh ed. de Goeje S. ١٥٣/٤:

„Reiseroute der jüdischen Kaufleute, der Râdhâniten الراذانية[1]). Dieselben sprechen Arabisch, Persisch, Romäisch, Fränkisch, Spanisch und Slawisch. Sie reisen vom Abendlande nach dem Morgenlande und vom Morgenlande nach dem Abendlande zu Lande und zur See. Sie bringen aus dem Abendland Diener, Mädchen, Jünglinge, Dîbâg, Biberhäute, Pelzwerk (Zobel) und Schwerter und fahren zu Schiff vom Frankenlande auf dem westlichen Meer . . ."

Im weiteren wird ihre Reiseroute über Qulzum bis nach China genauer angegeben. — Von den rûsischen Kaufleuten heisst es S. 154, dass zu Baġdâdh ihnen die slawischen Diener als Dolmetscher dienten ويترجم عنهم الخدم الصقالبة.

Ibn Faḍlân (921/2) ed. Frähn[2]) S. 7, Jâqût II S. 835:

„Jeder von ihnen [den Waräger-Russen] hat ein Ruhebett [سرير], worauf er sitzt, und bei ihm sind seine schönen Mädchen, die zum Verkaufe bestimmt sind. Atque unus cum puella concumbit amico adspiciente et interdum complures commiscentur hoc modo alii in conspectu aliorum, et interdum mercator in eos incidit, ut puellam ex eis emat, eumque cum illa concumbentem invenit neque ab ea decedit nisi proposito perfecto . . ."

Vor einem hölzernen Götzenbilde beginnt der russische

---

[1]) Steinschneider's Vermutung Jeschurun VI S. 28 u. 104 ist schwerlich richtig. Ibn al-Faqîh nennt diese Kaufleute S. 270 راهدانية Râhdânîje. S. de Goeje's Glossar. Bibl. Geogr. Arab. IV S. 251.

Dass die Juden am Sklavenhandel einen besonderen Anteil hatten, erklärt sich vornehmlich daraus, dass er ein Exporthandel war; s. auch Selig [Paulus] Cassel's Artikel: Juden, bei Ersch & Gruber II. Section 27. Theil S. 65 und Dozy, Mauren in Spanien II S. 38.

[2]) Um weiteren Verwirrungen vorzubeugen citire ich ‚C. M. Frähn, Ibn Foszlan's und anderer Araber Berichte über die Russen älterer Zeit. Petersburg 1823' immer unter der correcten Namensform ‚Ibn Faḍlân'.

Kaufmann sein Gebet nach Ibn Faḍlân (Frähn's Ausg. S. 9, Jâqût II S. 836) in folgender Weise:

„O Gott, ich bin aus fernem Lande gekommen, habe so und so viel Mädchen bei mir und von semmûr so und so viel Felle . . .“

Einen Anhaltspunkt für den Preis gewährt Iṣṭakhrî ed. de Goeje S. 45:

„Vom Maġrib her kommen schwarze Diener aus dem Sûdân, weisse Diener aus Spanien und kostbare Mädchen. Ein Mädchen und ein Diener ohne Kunstfertigkeit kosten auf Grund ihrer Gesichter 1000 Goldstücke und mehr“.

Liudprand (war 968 in Byzanz) Antap. VI, 6:

„Carzimasium autem Greci vocant amputatis virilibus et virga puerum eunuchum; quod Verdunenses mercatores ob immensum lucrum facere, et in Hispaniam ducere solent.“

Ich weiss nicht, ob bereits Jemand die Erklärung des Wortes Carzimasius versucht hat, doch vermute ich darin Khârizm خوارزم, weshalb ich die Stelle hier anziehe. Tha'âlibî erwähnt in den Laṭâif al-ma'ârif[1]) S. 129 Sklaven an erster Stelle unter den Ausfuhrartikeln aus Khârezm.

Ibrâhîm ibn Ja'qûb sagt von Prag فراغة ed. Kunik & Rosen S. 35:

„Rûs und Slawen kommen dahin von der Stadt Krakau كراكو, und aus türkischem Gebiet Muslim's, Juden und Türken gleichfalls mit Waaren und byzantinischen (??) Mithqâls und nehmen dafür Mehl, Zinn und Bleiarten.“

Für ‚Mehl‘ und ‚Zinn‘ hat Schefer's Manuscript: ‚Sklaven‘ und ‚Flockseide‘; ‚Sklaven‘ erscheint besser. Falsch ist ‚Biberfelle‘, was man Geschichtsschr. d. deutsch. Vorzeit 18. Lief. 1882. S. 140 als zweiten Tauschartikel liest. Dies wiederum war Veranlassung zur Conjectur اوبار für ابار.

Ibn Ḥauqal (schrieb 977/8) ed. de Goeje S. 75:

„In Spanien giebt es viele Handelsartikel, die nach Aegypten und dem Maġrib gehen. Ihr Hauptartikel sind

---

[1]) ed. de Jong. Leiden 1867.

Sklaven, Mädchen und Jünglinge von den kriegsgefangenen Franken und Galiciern und slawische Eunuchen. Alle castrirten Slawen der Welt sind spanischer Exportartikel, denn dort werden sie castrirt, und es vollziehen die Operation an ihnen die jüdischen Kaufleute in der Nähe des Landes. Alle Slawen aber, die nach Khorâsân in die Sklaverei geführt werden, sind zeugungsfähig und unverstümmelt. Das kommt daher, dass das Slawenland lang und weit ist, und der Meerbusen, der sich erstreckt vom Mittelländischen Meer, sich ausdehnend über Konstantinopel und Trapezunt ihr Land in der Breite durchschneidet; und aus der einen Hälfte des Landes, in ihrer ganzen Länge gemessen, führen die Bewohner von Khorâsân Sklaven fort und . . .[1]), und aus der nördlichen führen die Spanier von Galicien, Franken, Langobardenland und Calabrien her Kriegsgefangene fort, und in diesen Ländern ist der grössere Teil ihrer Kriegsgefangenen unverstümmelt".

Vergl. auch Ibn Ḥauqal S. 70, übersetzt Journal Asiat. III. Sér. T. XIII 1842 S. 251.

S. 354|5 sagt Ibn Ḥauqal von den Bewohnern Khârezm's: „Ihr ganzer Reichtum stammt von dem Handel mit den Turk und dem Viehbesitz. Man importirt zu ihnen den grössten Teil der slawischen und khazarischen Sklaven und Sklaven aus den anstossenden Ländern[2]) nebst türkischen Sklaven und Pelze von Korsak, Zobel, Füchsen, Biber und sonstige Pelzarten".

Über türkische Sklaven s. Ibn Ḥauqal S. 337; Tha'âlibî; Laṭâif al-ma'ârif[2]) S. 128; Qazwînî II S. 356; Vullers, Lex. Pers.-Lat. S. 437: ترك Tha'âlibi nennt ferner a. a. O. S. 132 „Griechische Eunuchen, Turk-jünglinge, Beischläferinnen aus Bukhârâ und Dienerinnen aus Samarqand." Tha'âlibî starb 429/30 H. = 1037/9 D., doch geht letztere Stelle, welche wir in der Folge noch mehrfach anziehen werden, auf eine Unterhaltung zurück, die am Hofe des 'Aḍud-ed-dôle Fannâ-

---

[1]) Das folgende Wort ist verderbt.

[2]) Andere Lesart: aus ihrer beider Hinterländern.

khusrô (338—372 H.), des Bûjiden, mithin noch zur Zeit des baltischen Handels stattgefunden haben soll.

Maqdesî berichtet S. 242, nachdem vorher von schwarzen Eunuchen die Rede gewesen ist:

„Was aber die weissen anlangt, so giebt es zwei Arten. Erstens die slawischen, deren Land hinter Khârezm liegt, ausser dass sie nach Spanien gebracht und castrirt werden und von dort nach Ägypten gehen. Zweitens die griechischen, die nach ~~Spanien~~ und Aqûr [1]) importirt werden, aber dieser Handel hat seit der Zerstörung der Grenzfesten aufgehört. Ich fragte eine Anzahl von ihnen, wie sie verschnitten seien, und es ward mir der Bescheid, dass die Griechen ihre Kinder zu zerstreuen suchen und den Kirchen zum Schutz übergeben, damit sie sich nicht mit den Weibern zu schaffen machen und sie die Lust schädige [2]). Wenn dann die Muslimen Streifzüge unternehmen, plündern sie die Kirchen und führen die Knaben von dort weg. Was aber die Slawen anlangt, so werden sie nach einer Stadt hinter Beggâne (Péchina) gebracht, deren Bewohner Juden sind und die castriren sie . . ."

Bekrî sagt ed. Kunik und Rosen von den Burgân (Donau-Bulgaren):

„Und wenn die Griechen mit ihnen Frieden schliessen, bringen sie zu den Griechen als Tribut Mädchen und Jünglinge von den gefangenen Slawen." Vergl. auch Mas'ûdî II S. 64.

In überschwänglichen Versen preist der persische Dichter Nâṣir-i-Khusrô Enṣârî bei Ǵâmî (Behâristân ed Schlechta-Wssehrd ۸۷ und 101) die Schönheit der von den Bulġâren gebrachten Sklavinnen:

همه جور من از بلغاریانست   که ما دایم همی باید کشیدن
همی آرند ترکانرا زبلغار   زبهر پردهٔ مردم دریدن
لب ودندان آن خوبان چون ماه   بدین خوبی نبایست آفریدن

---

[1]) S. Jâqût I S. 340, Maqdesî 33 u. 39,

[2]) Vergl. hiermit auch Qazwînî II 394.

كه از عشق لب وبندان ايشان بدندان لب همى بايد گزيدن

„Alle meine Beschwerden kommen von den Bulġâren, welche ich, solange ich lebe, tragen muss . . . Sie bringen fortwährend Liebchen von Bulġâr, um den Schleier des männlichen Anstands zu zerreissen. Die Lippen und Zähne jener, der Schönen gleich dem Monde, sollte man nicht in solcher Schönheit geschaffen haben, weil aus Liebe zu ihren Lippen und Zähnen man mit den Zähnen die Lippen beissen muss."

Schöne Sklavinnen von Rûm und Rûs erwähnt Ǵâmî auch Jûsuf und Zuleikha, Rosenzweig's Ausg. S. 48.

Benjamin von Tudela ed. A. Ascher S. קיא:

ומשם והלאה ארץ בהם והיא הנקראת פראגה היא תחלת ארץ אשקלבונייא וקוראים אותה היהודים הדרים שם ארץ כנען בשביל אנשי הארץ ההיא מוכרים בניהם ובנותיהם לכל אומות הם ואנשי רוסיא.

„Von da weiter liegt das Land Böhmen, das Prag genannt wird. Es ist der Anfang des Landes Sclawonia. Die Juden, welche dort wohnen, nennen das Land Kanaan, weil die Bewohner dieses Landes ihre Söhne und Töchter allen Völkern verkaufen, wie auch die Bewohner von Rûsia."

Die Bezeichnung Kanaan bezieht sich auf Genesis IX 25. Interessant ist es, hiermit folgende Stelle aus der vermutlich von Canaparius verfassten Vita des Heiligen Adalbert († 997) zu vergleichen, niedergeschrieben wahrscheinlich 999. Daselbst ist Cap. 12 M. G. Script. IV S. 586 von den Gründen die Rede, welche Adalbert den Aufenthalt in seinem Bistum Prag verleideten:

„Prima et velut principalis causa propter plures uxores unius viri; secunda propter detestanda conjugia clericorum; tertia propter captivos et mancipia christianorum, quos mercator Judaeus infelici auro emerat emptosque tot episcopus redimere non potuit. In somnis quoque apparuit ei Dominus, suscitans eum et de lento sopore surgere jubens. Inquid ille: Quis es tu tam imperiosae auctoritatis, vel cujus rei gratia quietem frangere jubes? Respondit: Ego sum Jesus

Christus, qui venditus sum; et ecce iterum vendor Judaeis, et tu adhuc stertis?"

Maqqarî Leidener Ausg. I. S. 92:

„Der Schreiber Ibrâhîm ibn Qâsim al-Qarawî[1]) bekannt als ar-Raqîq, erwähnt das Land Spanien und sagt:

Seine Bewohner führen beständig den heiligen Krieg, indem sie von den Heiden ringsum ein Volk bekriegen, das Galicier heisst, dessen Gebiet zwischen Westen und Osten angrenzt, ein mächtiges, wohlgestaltetes und schönes Volk. Die meisten ihrer Sklaven, die sich durch Schönheit und Geist auszeichnen, kommen von dort. Es giebt keinen Weg zwischen ihnen [den spanischen Arabern und Galiciern], denn der Krieg besteht ununterbrochen, sofern nicht ein Waffenstillstand eintritt. Auch bekriegen sie an der Ostmark ein Volk, das Franken heisst, und das sind die mächtigsten aller ihrer Feinde. Denn sie waren ein grosses Volk in einem grossen, weiten, herrlichen, cultivirten und bevölkerten Lande, welches das grosse Land genannt wird, sie sind stärker an Zahl als die Galicier, tapferer, kühner und truppenreicher. Dieses Volk bekriegt wiederum das Volk der Slawen, das seinem Lande benachbart ist, wegen eines Gegensatzes im Cultus, sie machen sie zu Kriegsgefangenen und verkaufen sie im Lande Spanien, so dass es dort viele von ihnen giebt. Und es castriren sie den Franken die unter ihrem Schutze stehenden Juden, welche sich in ihrem Lande und dem angrenzenden muslimischen Gebiet aufhalten. Dann werden ihre Verschnittenen von dort in die übrigen Länder exportirt. Auch hat das Castriren dort ein muslimisches Volk gelernt, fing an zu castriren und hielt die Verstümmelung für erlaubt[2])".

Wir entnehmen den angeführten Belegstellen, dass slawische Sklaven sowohl nach der West- wie nach der Ostmark des unter arabischer Herrschaft stehenden Ländergebiets exportirt wurden. Einerseits waren dies echte Slawen,

[1]) Nach Gayangos' Maqqarî I S. 380 ein Geograph des 5. Jhd. d. H.

[2]) Sonst galt diese für unerlaubt, s. Kremer, Culturg. d. Orients I S. 426.

da wir den Handel bis nach Böhmen hinein verfolgen konnten. Andrerseits wird im Arabischen Ṣaqâliba in weiterem Sinne als unser Begriff „Slawen“ gebraucht und mehrfach, wie ich bereits in meiner Broschüre „Ein arabischer Berichterstatter aus dem 10. od. 11. Jhd. über Fulda, Schleswig, Soest, Paderborn etc. Berlin 1890“ nachgewiesen habe, auch auf Germanen ausgedehnt. Man vgl. Dozy, Mauren in Spanien II S. 38, Aug. Müller, Islâm II S. 512 ff. und beachte, dass Otto I von Ibn ʿAdhârî II S. 234 und Maqqarî Leidener Ausg. I. S. 235 „König der Slawen“ genannt wird, was freilich auch anders erklärt werden kann. Nach Qazwînî II S. 413 u. 415 liegen Soest und Paderborn im Lande der Slawen. Als ein Characteristicum der Ṣaqâliba wird ihr blonder Typus angeführt [1]). So nannte schon Akhṭal (Mitte des 7. Jhd.) in seinem Dîwân die Slawen rot, s. Harkavy, Nachrichten musulm. Schriftsteller über die Slawen und Russen von der Mitte des 7. bis Ende des 10. Jhd. [russisch] Petersburg 1870 S. 2. Masʿûdî bezeichnet sie III S. 133 u. IV S. 9 als blond. Jâqût sagt III S. 405 Abû Manṣûr citirend: الصقالبة جيل حُمْرُ الالوان صُهْبُ الشعور „Die Slawen, ein Stamm rot von Hautfarbe, rotblond von Haar“, und Qazwînî nennt sie II S. 413 صهب الشعور حمر الالوان ذوو صولة شديدة „rotblond von Haar, rot von Hautfarbe und im Besitze grosser Körperkraft“, wozu man auch Ibn Ijâs Arnold's Chrest. S. 73 vergleiche. Ein Zeitgenosse ʿAbd-ar-Raḥmân des I. ʿAbd-ar-Raḥmân ibn Ḥabîb wurde wegen seines schlanken Wuchses, seiner blonden Haare und blauen Augen „der Slawe“ genannt, s. Dozy, Mauren in Spanien I 1874 S. 237. Freilich weist der blonde Typus keineswegs mit Sicherheit auf Germanen hin. Richard Andree hat (Ethnographische Parallelen und Vergleiche. Neue Folge.

---

[1]) Bei den Böhmen war nach Ibrâhîm ibn Jaʿqûb der blonde Typus allerdings selten ed. Kunik & Rosen S. 35:

ومن العجيب ان اهل نويمه سور سود الشعور والشقرة فيهم قليلة

1889 S. 261 ff.) gezeigt, dass derselbe weiter verbreitet ist, als man gewöhnlich annimmt. Virchow fand die Finnen blonder als unsere Landsleute (Anthropolog. Correspondenzbl. 1876. 93). Massenhaft tritt nach Andree a. a. O. S. 261 der blonde Typus noch heute bei den Slawen auf. Auch den Bewohnern des Âdherbeiǵân gelten nach Prof. M. Hartmann's Mittheilung, welche auf den Angaben eines Neusyrers beruht, die Russen noch heute für blond صارى. Dennoch waren die Slawen, welche in der spanisch-arabischen Geschichte eine grosse Rolle spielen [1]), die von arabischen Autoren in Sicilien [2]), Afrika [2]), Ägypten [3]) und Asien [4]) genannt werden, wol sehr verschiedenartiger Abstammung.

Wir haben den arab. Begriff Ṣaqlab eingehender, als es im Plane unserer Arbeit lag, behandelt, um uns nunmehr an die Beantwortung der Frage machen zu können, ob die Ableitung unseres Wortes Sklav durch Vermittelung des Romanischen (franz. esclave, ital. schiavo; span. esclavo) aus arab. Ṣiqlâb [5]), welche Saweljew und Reinaud [6]) im Hinblick auf das bei Handelsartikeln häufige Vorkommen von Lehnwörtern versucht haben, haltbar sei. Das k haben in den

---

[1]) Sie waren in den letzten Tagen des Khalîfat's von Cordoba öfters Herren der Situation und gründeten sogar selbstständige Herrschaften. Auch scheint nach Jâqût III 405 bei der portugiesischen Stadt Santarem eine slawische Niederlassung bestanden zu haben. Vergl. ferner Casiri II S. 216, Aug. Müller Islam I S. 612.

[2]) S. Gregorio, Rerum arab. quae ad historiam Siculam spectant ampla collectio Panormi 1790 S. 45 u. 46. Von einem Slawenquartier in Palermo spricht Ibn Ḥauqal ed. de Goeje S. 83. Amari, Description de Palerme par Ebn-Haucal. Paris 1845 S. 15, 23. Schack, Geschichte der Normannen in Sicilien I S. 287. Vergl. auch Jâqût III. 405. Art. صقلب S. ferner Aug. Müller, Islam I S. 611. Die von Carlo Arrigo Ulrichs, Uralte Slawendörfer in den Apenninen (Ausland 61. Jhrg. 1888 S. 17 ff.) erwähnten Thatsachen gehören wol kaum in diesen Zusammenhang.

[3]) S. Journal Asiatique III Sér. 3. T. Paris 1837 S. 207; Maqrîzî, K. al-khiṭaṭ I S. 411.

[4]) Über Slawen zu Khuṣûṣ und Maṣṣîṣa (Mopsuesta) s. Belâdhorî ed. de Goeje S. 166.

[5]) Diese Form findet sich neben Ṣaqlab z. B. Jâqût III 405.

[6]) Invasions des Sarrazins en France S. 237.

Völkernamen zuerst die Byzantiner eingeschoben, weil Sl kein griechischer Anlaut ist; schon im 6. Jhd. tritt der Name bei ihnen in den Formen Σκλαβηνοί und Σκλάβοι auf. In demselben Jahrhundert findet er sich auch bereits bei den Syrern mit dem nämlichen Anlaut s. The third part of the Ecclesiastical History of John Bishop of Ephesus[1]) ed. Cureton. Oxford 1853 S. 402, Schönfelder's Übers. S. 255; Land, Anecdota Syriaca Tom. 1 S. 16 Übers. S. 115; dieser Text stammt aus dem 8. Jhd., doch geht die Angabe von dem Zug der Slawen gegen Creta und die anderen Inseln im Jahre 622/3 wol auf eine gleichzeitige Nachricht zurück. Von den Byzantinern entlehnten auch die Araber ihr Wort, indem die Slawen, wie man bei Harkavy a. a. O. nachlesen mag, in den arab.-byzantinischen Kriegen eine Rolle spielten[2]). Kluge irrt, wenn er an eine directe Entlehnung des deutschen Wortes „Sklave“ aus dem Slawischen denkt, da das k weder im slawischen Worte vorkommt, noch Skl ein deutscher Anlaut ist, noch endlich die wunderbare Analogie dieses eingeschobenen k im Deutschen und Byzantinischen auf diesem Wege zu erklären wäre. Es ist nicht einzusehen, warum dann das slawische Sl nicht ins Deutsche übergegangen ist, da dieses ein deutscher Anlaut ist. In der That fehlt da, wo die Entlehnung direct durch Germanen stattfand, das k (vergl. engl. slave), ebenso wie bei den Arabern, die directe Fühlung hatten. Betrachten wir nun das Wort zunächst als Völkername, so ist dieser in der Form mit k zweifellos ohne Einfluss der Araber ins Abendland gedrungen, denn schon bei Jordanes finden wir Sclavenus. Zu beachten ist, dass das Lateinische den Anlaut Sl ebenso wenig besitzt wie das Griechische; doch ist die Gemeinsamkeit des Abhilfemittels wol auf griechischen Einfluss zurückzu-

---

[1]) lebte in der 2. Hälfte des 6. Jhd. besonders in Constantinopel.

[2]) Das Ṣâd ist eine Assimilation an das Qâf; übrigens findet sich auch, wiewohl selten, die Form mit Sîn.

Als die Araber später direct mit den Slawen in ihren Wohnsitzen in Berührung kamen, treten Formen bei ihnen auf, in denen das k fehlt; vergl. z. B. Iṣṭakhrî 226 Ibn Ḥauqal 285.

führen [1]). Uns interessirt hier das Wort lediglich in seiner appellativen Bedeutung. Hier sprechen für arabische Provenienz der romanischen Wörter folgende Gründe:

1. Die Wege des Sklavenhandels, über die man die angeführten Quellen vergleiche.
2. Das Vorkommen im Spanischen und Französischen. Es ist wenig glaublich, dass das griech. *σκλάβος*, welches allerdings auch die appellative Bedeutung hat s. Du Cange — das arabische Wort befindet sich in einem Uebergangsstadium zu derselben — hierhin verschlagen sei.

Eine Ableitung aus dem Latein. ist deshalb mislich, weil das mittelalterliche Latein keine lebendige Sprache war, sondern aus den Volkssprachen recrutirte. Allerdings kommt auch hier sclavus in appellativer Bedeutung vor, s. Du Cange. Beachtenswert ist, dass die älteste Belegstelle (10. Jhd.) aus der Vita Johannis Gorziensis, Mon. Germ. Script. IV S. 371 (nicht 271) sich auf das maurische Spanien bezieht

Endgültig wird die Frage vor der Hand noch nicht entschieden werden können. Auch wäre nach dem Vorhergehenden sehr wohl denkbar, dass das Hebräische hier eine Rolle gespielt hat. Dr. Steinschneider macht mir hierüber folgende Mitteilung: Zidkijja Anaw (um 1280 s. Steinschneider, Catal. libr. hebr. in Bibl. Bodleiana Sp. 2763 ff.) behandelt שבולי הלקט § 31 (§ 113 S. 88 der ed. Sal. Buber Wilna 1886) die Verwendung von Nichtjuden und Sklaven am Sabbat. Im Folgenden (S. 89) berichtet er aus einem Gutachten des Abigedor Kohen (war aus Wien; über ihn Catal. Bodl. Sp. 2766 und Buber's Einleitung fol. 4 b). Dieser macht einen Unterschied zwischen einem Nichtjuden, der vollständig gekauft wird wie der סקלאבי und Mietlingen auf Zeit.

---

[1]) Bei Jordanes liegt dasselbe nahe, Martens glaubt sogar, dass er in Constantinopel geschrieben habe.

Producte aus dem Tierreich.

Mammutzähne.

Qazwînî ed. Wüstenfeld II 413 (Artikel Bulġâr):

„Abû Hâmid[1]) sagt: Ich sah einen Zahn, dessen Breite 2 Spannen und dessen Länge 4 Spannen betrug, die Hirnschale seines Hauptes war wie eine Kuppel. Auch fand man in der Erde Zähne ähnlich den Stosszähnen des Elephanten, weiss wie Schnee, einer von ihnen wog 200 mann; nicht weiss man, von welchem Tiere er herrühre; möglicherweise war es ein Zahn ihrer Lasttiere. Sie werden nach Khârezm exportirt; es besteht nämlich ununterbrochene Karawanenverbindung von dem Bulġârenlande nach Khârezm, ausser dass ihr Weg durch einen türkischen Wâdî führt. Solche Zähne wurden in Khârezm zu hohem Preise verkauft, und man verfertigt daraus Kämme, Büchsen und anderes, wie man es aus Elfenbein verfertigt, nur ist es stärker als Elfenbein und zerbricht niemals."

Vergl. Saweljew in Erman's Archiv VI 1848 S. 96/97; Frähn, Ibn Faḍlân S. 229, Wolga-Bulġâren S. 542. S. auch das Gothaer Abû-Ḥâmid-Manuscript Bl. 61.

Ueber Mammutsknochen als Handelsartikel: A. Erman, Reise um die Erde I Berlin 1833 S. 612; über den Handel mit fossilem Elfenbein: Beiträge zur Kenntniss des Russischen Reichs hrsg. von Baer & Helmersen VII. Bdch. S. 258/9,

---

[1]) Abû Ḥâmid Muḥammad al-Garnâṭî; nach Chwolson besuchte er 1136 D. Bulġâr; s. über ihn und seine Werke Reinaud's Introduction générale S. CXI—CXIII; Pertsch, Die arabischen Handschriften zu Gotha III S. 125 No. 1501.

Brehm I. 3. S. 501. Neben Mammutzähnen kamen veilleicht auch Walrosszähne in den Handel; vergl. Brehm I. 3 S. 646.

Rinder, Kleinvieh, Ziegenhäute.

Nach Maqdesî 325 von Bulġâr. Derselbe Geograph sagt S. 355 vom Khazarenland: „Es ist reich an Kleinvieh (aġnâm), Honig und Juden.“ Aġnâm nach Tha'âlibî's Laṭâif al-ma'ârif S. 129 aus Khârezm.

Pelzhandel.

Rauchwaaren sind naturgemäss ein Erzeugnis des Nordens; und zwar sind die nordischen Felle als das wesentlichste Lockmittel anzusehen, welches den arabischen Handel, dessen Zeugen wir heute aus der Erde graben, so weit durch die rauhen Länder der Barbaren vordringen liess. Auf ihren ausgedehnten Gebrauch im Orient lassen u. a. zwei Anekdoten in Tha'âlibî's Laṭâif eṣ-ṣaḥâba [1]), Ibn Abî Uṣaibi'a ed. Aug. Müller I S. 136, Ferîd ed-Dîn 'Aṭṭâr's Pendnâmeh ed. de Sacy S. 4 Z. 12 schliessen. Unser Wort ‚Kürschner' ist das türkische كوركجى kürkči von كورك kürk türk. Pelz. Bei Kluge, der allerdings slawische Formen giebt, fehlt diese Etymologie, wie auch bei Weinhold [2]). Wann und wo das deutsche Wort zuerst auftritt, weiss ich nicht anzugeben, doch findet sich schon mittelhochdeutsch: kürsenære. Der Reichtum des nordöstlichen Russland an diesen Pelzen war auch für das christliche Abendland von hohem Interresse.[3]) Die Araber selbst geben als Bezugs-

[1]) in Roorda's Grammatica Arabica ed. 2 S. ٣٩/٣٠. No. 75 u. 76.

[2]) Die deutschen Frauen im Mittelalter. 1. Auflage. Wien 1851. S. 448.

[3]) Erwähnt sei auch, dass Adam von Bremen des Pelzreichtums der baltischen Küsten und des Handels mit diesem Artikel nach Westen Erwähnung thut, indem er Gesta Hammab. eccl. pont. lib. IV. cap. 18 von den alten Preussen erzählt:

Aurum et argentum pro minimo ducunt, pellibus habundant peregrinis quarum odor letiferum nostro orbi propinavit superbiae venenum. Et illi quidem ut stercora haec habent ad nostram credo dampnationem, qui per

quellen die nördlichsten ihnen nur irgend bekannten Regionen an, und so weit ihre Reisenden nach Norden vordrangen, trafen sie auf Pelzhändler, die aus noch nördlicher gelegenen Gegenden kamen. Von den Enkeln Jafet's, Bulġâr und Burṭâs sagt Mîrkhond [1]): „Sie fingen Fuchs, Zobel und Eichhörnchen und aus dem Felle jener bereiteten sie schöne Kleider‘ und an einer anderen Stelle [2]) von denselben „Und sie griffen Fuchs, Zobel, Hermelin und Eichhörnchen und bereiteten von den Fellen jener Kleider“. Firdausî erzählt vom König Hûscheng̊ (Schâhnâmeh I. S. 38 der Pariser, I. S. 19 der Vullersschen Ausg.), dass er Pelztiere tötete

چو سنجاب وقاقم چو روباه گرم
چهارم سمورست کش موی نرم

„wie Eichhörnchen und Hermelin, wie warmen Fuchs, viertens semmûr, dessen Haar sanft ist“ und aus ihren Fellen Kleider machte.

Ganz besondere Beachtung verdient eine Stelle aus Niẓâmî's Iskendernâmeh; der Dichter beschreibt die Beute, welche Iskender bei den Russen machte (bei Charmoy S. 154/5 des Textes, ed. Bombay 1261 S. 515:)

بخروارها قندز آب دار
سمور سیه نیز بیش از شمار
زقاقم نچندان فرو بسته بند
که تقریر آن کرد شاید که چند
فروزنده سنجاب وروباه لعل
همان کرّه اسبان نادیده نعل
وشق نیفهائ شبستان فروز
چو خال شب افتاده بر روی روز

fas et nefas ad vestem anhelamus marturinam, quasi ad summam beatitudinem. Itaque pro laneis indumentis, quae nos dicimus faldones, illi offerunt tam preciosos martures.

Helmold hat diese Stelle in seiner Chronik der Slawen I. 1 abgeschrieben s. ed. Pertz. Hannover 1868 S. 14.

[1]) Hammer-Purgstall, Sur les Origines Russes S. 119.

[2]) Ebendaselbst S. 116.

„In Eselslasten kam glatter Biber, schwarzer Zobel auch, so dass man ihn nicht mehr zählen konnte; von Hermelinpelz so viel aufgebunden, dass eine Feststellung von jenem zu machen, wie viel es sei, unmöglich war; leuchtende Vehe und rubinfarbener Fuchs; ebenso noch nie beschlagene Füllen; Luchspelze, das Schlafgemach erleuchtend wie das Dunkel der Nacht, wenn es gefallen ist auf das Antlitz des Tages."

Ferner nennt Nizâmî bei Aufzählung der kostbaren Geschenke, welche der Herrscher von Serîr dem Iskender verehrt ed. Bombay 1261 S. 400:

سمور سیه روبه سرخ تیغ
همان قیاقم وقندز بیدریغ
وشق نیفهائی چو برگ بهار
بنفشه برو ریخته صد هزار

„Schwarzer Zobel, rothaariger Fuchs, ebenso Hermelin und Biber in Fülle, Luchspelze wie Frühlingslaub, besprengt mit hunderttausend Veilchen."

Nach Jâqût I 113 brachten die Kaufleute auf der Wolga unter anderm Pelzwerk Biber, Zobel und Vehe aus dem Lande der Wessen:

وفيه[1]) يسافر التُّجّار الى ويسُو ويجلبون الوبر الكثير كالقُنْدُر والسَّمّور والسِّنْجاب

Jâqût III S. 76.

سَرْسَنُ بلد فى اقصى بلاد الترك فيه سوق لهم يباع فيها القندس والبُرْطاسى والسمور وغير ذلك

„Sersen ist ein Land im äussersten Gebiet der Turk. Dort hat man einen Markt, auf welchem Biber, Burṭâsîfüchse, Zobel und dergleichen zum Verkauf ausgestellt wird."

Vergl. zu dieser Stelle Frähn, Ibn Faḍlân S. 262. Ich vermute, dass wir in سرسن eine Entstellung von سخسين vor uns haben, das Muḥammad ibn ʻAbd-ar-Raḥîm al-Garnâṭi[2])

[1]) Auf dem Fluss اتل

[2]) Starb 560 H. (= 1164 D) nach Ḥ. Kh. II S. 222 No. 2548.

besuchte (s. das Gothaer Manuscript A 1539 Bl. 21.) Aus Ġarnâṭi stammt der Artikel سقسين bei Qazwînî II S. 402/3, obwohl sich dieser den Anschein giebt nur den Schlusssatz aus ihm zu citiren. Vergl. über dieses Saqsîn ferner Ibn al-Athîr XII S. 254 Dimeschqî Textausg. S. 106, 146; Abulfedâ, K. teqwîm al-buldân: سقسن S. 203, سقسين S. 202, 205.

Hieraus lässt sich abnehmen, dass der arabische Pelzhandel seine Zweige noch in Länder erstreckte, von denen die arabischen Geographen keine Vorstellungen mehr hatten und dass vielleicht sein Verbreitungsgebiet dem der Münzfunde annähernd entsprach.

Auf die zoologische Bestimmung der Pelztiere musste der grösste Fleiss verwandt werden, weil hauptsächlich hierdurch neue Anhaltspunkte zur Festlegung der Handelsstrassen gewonnen werden können. Im Allgemeinen stehen die Originallexika an Quellenwert hinter den Zoologen zurück. Die moderne Terminologie kann daneben manchen Dienst leisten, falls sie gut d. h. durch Naturforscher beglaubigt ist.

Dem Folgenden sei noch die Bemerkung vorausgeschickt, dass ich Ibn al-Baiṭâr († 1248) in der Ausg. Bûlâq 1291 (1875), von Demîrî († 1405) die Ausg. Cairo 1306 (1888/9), von Schêkh Daûd al-Anṭâkî († 1596) die Ausg. Cairo (1877), von Brehm's Tierleben die Grosse Ausg. in 2 Aufl.[1] 1876—1879 benutzte und citire. Von Ibn al-Kebîr citire ich die Berliner Handschrift der Wetzstein'schen Sammlung II 1170. Treffliche Nachrichten über den Pelzhandel finden sich namentlich bei Tha'âlibî aus Nîsâpûr, den sein Name übrigens schon als ‚Kürschner' bezeichnet s. Ibn Khallikân ed. Wüstenfeld Nr. 391 am Ende: والثعالبى هذه النسبة الى خياطة جلود الثعالب وعلمها قيل له ذلك لانه كان فرّاء

Dass die Araber alle Pelzsorten, welche aus dem heutigen Russland zu ihnen gelangten, aufgezählt und keinen Artikel von minderer Bedeutung vergessen haben sollten, ist von vorneherein unwahrscheinlich.

---

[1]) Die römische Zahl bedeutet die Abteilung, die arabische den Band innerhalb der Abteilung.

Die Namen für die importirten Pelzarten sind meist gleichfalls importirt und dürften zum grössten Teil aus dem Persischen ins Arabische, in jenes aber teilweise aus uralaltaischen Sprachen eingedrungen sein.

Betrachten wir nun die einzelnen Arten:

A. Füchse.

Schwarze, rote, weisse und bunte.

Der Schwarzfuchspelz galt für das wertvollste Pelzwerk überhaupt s. Mas'ûdî, K. et-tenbîh bei de Sacy, Chrest. Arabe 2 éd. tome II Paris 1826 S. 18 von der Wolga:

„Grosse Schiffe fahren auf diesem Flusse mit Handelsartikeln und verschiedenen Waaren aus Khârezm. Andere aus dem Lande der Burṭâs bringen schwarze Fuchsfelle, und das sind die geschätztesten und wertvollsten Pelze [1]). Es giebt davon auch rote, weisse, welche mit dem fenek concurriren können und schwarzweisse [2]), die schlechteste Art ist die als Beduinenfuchs bekannte [?] [3]). Die schwarze Art findet man nirgends als in dieser Gegend und den angrenzenden Districten. Die Könige der Barbaren treiben Luxus, indem sie sich in diese Felle kleiden und Mützen und Pelze daraus tragen. Die schwarze Art erzielt einen hohen Preis. Man importirt davon nach der Gegend von Bâb al-abwâb, Berdha'a und Teilen von Khorâsân, und bisweilen wird er ins Land der Kirghisen [[?] importirt, dann ins Land der Franken und Spanien, und man bringt diese Felle, schwarze und rote, nach dem Maġrib. Auch meint man,

---

1) Vergl. W. Chr. Friebe, Ueber Russland's Handel. 3. Band. Hildesheim und Petersburg 1798 S. 409: ‚Ein ganz schwarzer Fuchs übertrifft alles Pelzwerk, selbst das vom besten Zobel. Er wird fast für unschätzbar gehalten.'

2) خلنجى vergl. Dozy, Suppl. Dieser bunte Fuchs wird derselbe sein, von dem A. Erman, Reise um die Erde I Berlin 1833 S. 606/7 ausführlich handelt, der ihn als bekreuzten Steinfuchs bezeichnet. S. auch Dombrowski, Der Fuchs S. 16: Kreuzfuchs. Canis crucigera.

3) وشرّها النوع بالاعرابى

dass sie aus Spanien und dem angrenzenden Gebiet der Franken und Slawen kämen[1]) . . .'

Im Folgenden wird noch berichtet, dass der Khalife Mahdî durch ein Experiment mit Flaschen, die er mit Wasser füllen, mit verschiedenen Pelzsorten umwickeln und der Kälte einer Winternacht in er-Rei (bei Tehrân) aussetzen liess, den schwarzen Fuchspelz als den wärmsten erwies, indem die mit ihm umwickelten Flaschen allein nicht zugefroren waren.

Mas'ûdî, Goldwäschen II S. 14/15 heisst es von den Burṭâs:

„Aus ihrem Lande werden schwarze und rote Fuchsfelle exportirt, die als burṭâsische bekannt sind. Ein Fell von ihnen kommt auf 100 Goldstücke und mehr zu stehen[2]), wenigstens von den schwarzen, die roten sind wohlfeiler. Die schwarzen tragen die Könige der Araber und Perser und treiben wetteifernd Luxus mit dieser Tracht. Er ist bei ihnen teuerer als Zobel, fenek und sonstiges Pelzwerk. Die Könige lassen sich aus ihm Mützen, khaftâne und Mäntel machen, und es giebt kaum einen König der nicht einen

---

[1]) Wir finden dieselbe Spaltung der Handelsstrassen wie beim Sklavenhandel.

[2]) Hinsichtlich des Preises ist es von Interesse mit Mas'ûdi's Angaben die neueren Verhältnisse zu vergleichen. Strahlenberg sagt (Das Nord- und Oestliche Theil von Europa und Asia. Stockholm 1730) S. 355: ‚Man bezahlt vor einen recht grossen schwartzen Fuchs bisz zu 400 und mehr Rubel, welchen man aber aus der ersten Hand wohl für 80 bisz 100 haben kan. Ein Futter von schwartzen Füchsen wird in Ruszland auch höher aestimiret als der schönste Zobelpeltz.' Schwarze Fuchsfelle, von denen das Stück 300 Rubel kosten sollte, erwähnt C. Fr. v. Ledebour, Reise durch das Altai-Gebirge. 1. Theil. Berlin 1829 S. 26; nach A. Erman, Reise um die Erde I S. 607 wurden sie mit 50 Rubeln bezahlt; Stüwe, Handelszüge der Araber gab 50—300 Rubel als Preis an. Raoul von Dombrowski, Der Fuchs. Wien 1883 S. 16: ‚Canis vulpes argentatus. Der schwarze Fuchs. Sein Haar ist dunkel-schwarzbraun und schwarz gestrichelt, oder ganz schwarz. Er kommt in nördlichen Gegenden, doch stets nur selten vor und sein Balg wird in Russland mit 25 bis 40 Rubeln bezahlt; Wildungen giebt den Kaufpreis sogar mit 400 Thalern an.'

khaftân oder Mantel besässe, gefüttert mit diesen schwarzen burṭâsischen Füchsen."

Burṭâsî bedeutet bereits ‚schwarzer Fuchs' s. z. B. Jâqût III S. 76 Ibn al-Athîr XII S. 253 u. 254 Dozy Suppl. Doch gab es auch rote Burṭâsî's, wozu man ausser dem eben citirten Abschnitt Qazwînî II 390 vergleiche, woselbst von den Burṭâs gesagt wird:

„Dort giebt es eine Fuchsart von unübertrefflicher Schönheit, dichthaarig, rot von Farbe; ihre Felle sind die Burṭâsî-Pelze."

Ferner erwähnt Ibn Khordâdhbeh ed. de Goeje S. 154, dass rûsische Kaufleute den Schwarzfuchspelz von den äussersten Ländern der Slawen an das Mittelländische Meer brachten. Nach Ibn Ḥauqal ed. de Goeje S. 286 (s. u.) kam er aus dem Lande der Ersa[1]). Tha'âlibî endlich nennt Laṭâif al-ma'ârif den Schwarzfuchs neben anderen nordischen Pelzen als Specialität des Turklandes. Vergl. auch Mas'ûdî II S. 16.

Was die Bezugsquellen anlangt, so sagt Adam von Bremen a. a. O. IV. Cap. 31: ‚Sola vero Nortmannia vulpes habet nigros et lepores, martures albos ejusdem coloris ursos, qui sub aqua vivunt quemadmodum uri.[2])' Da Nortmannia nach dem Sprachgebrauch Adams von Bremen Norwegen bezeichnet, so könnte man aus der Stelle schliessen, dass die Araber ihre Schwarzfuchspelze, da sie sonst nirgends vorkamen, aus Norwegen beziehen mussten. Von denen, die nach Mas'ûdî über Spanien kamen, mag dieses in der That teilweise der Fall gewesen sein. Doch sagten mir Leipziger Pelzhändler, dass dieser Artikel jetzt aus Sibirien komme, und in einem Aufsatz in Erman's Archiv XI 1852 über Jagd und Fischfang der Syrjänen im Gouvernement Wologda finde ich unter den Tieren, die sie jagen, auch schwarze Füchse genannt. Vergl. auch Friebe a. a. O. Es zeigt sich also, dass diese östlichen Regionen ausserhalb des

[1]) Über den Mordwinenstamm Ersa s. Frähn, Ibn Faḍlân S. 163 ff 255, Wiedemann, Grammatik der Ersa-Mordwin. Spr. 1865.

[2]) Ich würde lieber ‚ursi' lesen.

Gesichtskreises Adams von Bremen lagen, wie andererseits auch Mas'ûdî in dem oben angeführten Passus aus dem K. et-tenbîh das Fundgebiet wol mit Unrecht einschränkt.

Sehr wichtig wäre es zu constatiren, ob die weissen Füchse, welche Ibn al-Faqîh S. 235 und Mas'ûdî a. a. O. genannt werden, notwendig Eisfüchse (Canis langopus) gewesen sein müssen; in diesem Falle nämlich hätten wir — vorausgesetzt, dass das Verbreitungsgebiet des Tieres dasselbe geblieben ist — einen Beleg dafür, dass Waaren noch aus dem hohen Norden bis nach dem Reiche der Khalîfen wanderten. Brehm sagt I. 1. S. 679 von dem Eisfuchs, dass er aus freiem Antrieb nicht gern über den 60° n. Br. nach Süden hinabgeht[1]), nur in Sibirien kommt er ausnahmsweise in niederen Breiten vor. Auf eine Frage, die ich in betreff dieses Punktes an eine zoologische Autorität, Herrn Akademiker Staatsrat von Köppen richtete[2]), war derselbe so freundlich, mir folgende Auskunft zu erteilen: ‚So viel mir bekannt, kommt der gewöhnliche Fuchs nur in einzelnen Exemplaren als Albino, ganz weiss vor und kann als solcher im Handel keine Rolle spielen. Daher sind weisse Füchse, die im Handel vorkommen, wol immer auf Eisfüchse zu beziehen ... Ob der Eisfuchs früher weiter nach Süden verbreitet war als gegenwärtig, darüber fehlen, so viel ich weiss, jegliche Angaben.

---

[1]) K. E. v. Baer, Nachricht von der Erlegung eines Eisfuchses an der Südküste des finnischen Meerbusens nicht weit von St. Petersburg und daran geknüpfte Untersuchung über die Verbreitung dieser Tierart. Bulletin scientifique publié par l' Acad. impér. des sciences de Saint-Pétersbourg. Tome IX 1842 Sp. 89 ff. würde die Angaben Brehms nicht wesentlich modifiziren.

[2]) Dass ich mich da, wo diese Arbeit mir fremde Gebiete streifte, an Fachmänner wandte und dieselben citirte, hatte ich für einen Vorzug derselben gehalten, auch wurde mir gerade für diese Bemühung die Anerkennung competenter Beurteiler mehrfach zu Teil, bis es der oben erwähnte Liesegang fertig brachte, mir daraus einen Vorwurf zu machen. Das gedruckte Material ist nun aber häufig unzureichend und dass ein Orientalist an Ort und Stelle Studien über die südliche Verbreitungsgrenze des Eisfuchses macht, sollten billige Recensenten, wenigstens von einem Studenten, nicht verlangen.

Übrigens geht er an einigen Stellen Asiens mit der Tundra, an die er gebunden zu sein scheint, bis zum 51° n. Br. (So bei Brandt).' Prof. A. Kirchhoff bemerkt in einer Besprechung der ersten Aufl. vorliegenden Buches [1]), dass der Eisfuchs nicht selten südlich vom finnischen Meerbusen, selbst noch in Kurland betroffen worden ist. Schliesslich sei noch Strahlenberg S. 355 herangezogen, der, nachdem er vom Schwarzfuchs gehandelt hat, weiter fortfährt: ‚Andere Arten als blaue, rothe, Creutz- und weisse Füchse giebt es überall in Sibirien, doch die letztern nur am Eisz-Meer'. Da nun aber das Fell des bekanntlich nur im Winter weissen Eisfuchses garnicht sonderlich geschätzt wird, könnte man vielleicht an canis corsac denken. Das legt namentlich Ibn al-Baiṭâr I S. 150 nahe:

وأشرف أصنافها الخزرى الابيض

‚Die edelste (Fuchs)art ist die khazarische, weisse'.

So ist nämlich statt البجزرى, womit Dozy Suppl. I 159 (unter ثعلب) augenscheinlich nichts anzufangen wusste, zu lesen; vergl. Tha'âlibî, Laṭâif al-ma'ârif S. 132: ثعالب الخزر Nach den Angaben Brehms über den Korsak, die wir im Folgenden citiren werden, mussten die Araber das Fell dieses Tieres zunächst aus den Steppen um das kaspische Meer beziehen, das bei arabischen Geographen khazarisches Meer genannt wird. Doch tritt canis corsac, wie wir alsbald sehen werden, auch unter dem Sonder-Namen fenek auf und Mas'ûdî unterscheidet in der oben übersetzten Stelle des K. et-tenbîh zwischen fenek und weissem Fuchspelz. Somit ist allerdings unter letzterem vermutlich der Eisfuchs (Canis langopus) zu verstehen.

Wo sonst Füchse im Allgemeinen genannt werden wie Ibn al-Faqîh S. 270, Maqdesî 325, Abulfedâ Geogr. ed. Reinaud & de Slane S. 202 haben wir wol zunächst an rote zu denken. Ibn al- Faqîh S. 270: ‚Was die slawischen Kaufleute anlangt, so führen sie Fuchs- und Biberfelle vom

---

[1]) Kreuzzeitung 5. November 1887.

äussersten Slawenlande mit sich und bringen sie nach dem Mittelländischen Meer.' Tha'âlibî nennt Laṭâif al-ma'ârif S. 129 rote Füchse neben schwarzen als aus Khârezm kommend.

Der Fuchs fand auch in der Medizin Verwendung, s. den Artikel des Qazwînî I 392[1]) und Ibn al-Baiṭâr.

Fenek bezeichnete zunächst den Wüstenfuchs fenecus Arabicus; in dieser Bedeutung kennt das Wort ausser Zenker u. a. auch Brehm (I 1 S. 685), der selbst in arabischen Ländern Studien machte. In diesem Sinne wird es z. B. von Bekrî gebraucht, wenn er als Jagdgebiet eines guten fenek die Provinz Afrika bezeichnet s. Description de l' Afrique septentrionale par Abou-Obeid-el-Bekri. Texte arabe publié par de Slane. Alger 1857 S. 21. Doch muss dasselbe daneben auch ein nordisches Pelztier bezeichnet haben, denn der Pelz des Wüstenfuchses konnte schwerlich über Bulġâr kommen (Maqdesî 325) oder aus den Ländern der Slawen, wie Ibn al-Baiṭâr Textausg. III S. 168 und, ihn citirend, Demîrî II S. 196 angeben; nach Ibn al-Kebîr Bl. 223b kam er aus dem Lande der Rûs und Turk, vergl. Leclerc's Ibn al-Baiṭâr III S. 47. Ja'qûbî nennt ihn K. al-buldân S. 55[2]) unter anderm nordischen Pelzwerk; desgleichen Tha'âlibî, Laṭâif al-ma'ârif S. 128; Fenekpelze aus Khorâsân werden Maqqarî I 230 erwähnt.

Auch weist darauf der Umstand hin, dass Ǵawâlîqî (Mu'arrab ed. Sachau S. 113) und Ibn Duraid (Tâg al-'arûs VII S. 171) فنك für ein Fremdwort hielten. Freytag, Frähn und Lane identificirten daher den fenek mit Marder. Dem widerspricht aber entschieden der Umstand, dass der fenek weiss war, was der Marder nur ausnahmsweise (im Winter) wird[3]). Dass der fenek weiss war, wird schon durch Demîrî II 208 wahrscheinlich, da nach dieser Stelle die Felle des fenek und Hermelin einander ähneln sollen, und geht mit Gewissheit aus Mas'ûdî's K. et-tenbîh[4]) hervor, wo es

[1]) Sein Fell wird den Phlegmatikern empfohlen.

[2]) S. Artikel waschaq.

[3]) Im zoologischen Garten zu Hamburg sah ich ein solches Exemplar.

[4]) S. die oben mitgeteilte Stelle.

heisst, dass der weisse Fuchspelz mit dem fenek concurriren könne, so wie aus Tebrîzî's Ḥamâsacommentar ed. Freytag I S. 824. Noch Daûd al-Anṭâkîsagt ausdrücklich I S. 352.

يعمل منه فراء شديدة البياض

wiewohl dieser das Tier zu einem weissen Vogel[1]) ähnlich dem Rukh macht. Doch kann fenek nicht Hermelin sein, wie die Uebersetzer der Goldwäschen Mas'ûdî's II S. 15 angenommen haben, da Râzî bei Ibn al-Baiṭâr III S. 168 ihn neben qâqum (s. u.) nennt und auch Demîrî II 208 zwischen beiden Tieren unterscheidet.

Beachtenswert dagegen ist, dass fenek da, wo nordische Pelzsorten aufgezählt werden, meines Wissens nur zweimal neben Füchsen genannt wird, nämlich von Tha'âlibî, Laṭâif al-ma'ârif S. 128 u. 132, und zwar das erste Mal unmittelbar vor Schwarzfuchs, das zweite Mal unmittelbar hinter den khazarischen Füchsen. So wird wol Dozy's in den Suppl. ausgesprochene Ansicht die beste sein, dass fenek neben dem Wüstenfuchs auch seinen Verwandten canis corsac bezeichnete. Allerdings ist der Pelz des canis corsac nicht weiss, aber sehr hell gefärbt und vielleicht weisslich zu nennen[2]). Sein Verbreitungsgebiet reicht wie Brehm a. a. O. S. 676 (und nach ihm Dombrowski a. a. O. S. 18) angiebt, von den Steppen um das kaspische Meer bis zur Mongolei. „Seines weichen, dichten, warmen und gut aussehenden Winterbalges wegen wird er eifrig gejagt, besonders von den Kirgisen, Karakalpaken, Truchmenen und anderen diesseits des Urals wohnenden Nomadenstämmen[3]).“ Dazu stimmt trefflich, dass Tha'âlibî in seinen Laṭâif al-ma'ârif S. 132 Kâschġar als Bezugsquelle für fenek nennt. Ferner entnehme ich Brehm's Angaben, dass der Handel mit Korsakfellen ein

---

[1]) Vergl. auch Dozy und Engelmann. Glossaire des mots espagnols et portugais dérivés de l'Arabe. 2 éd. Leiden 1869, S. 103.

[2]) Auch der Wüstenfuchs ist nicht weiss, sondern hat genau die Farbe des Wüstensandes und wird nur bei zunehmendem Alter etwas lichter. Die Färbung des Korsak- und Fenekpelzes ist ziemlich die gleiche, wovon ich mich durch Autopsie überzeugt habe.

[3]) Ebendaselbst S. 677.

sehr bedeutender ist. Unsere Ansicht wird durch folgende Angabe des Buṭrus al-Bistânî im Muḥîṭ al-muḥîṭ über den fenek noch unterstützt: „Man sagt, er sei eine Art von Jungen des Turk-Fuchses. Auch soll so das Junge des Schakals im Lande der Turk benannt werden.“ Schliesslich verweise ich noch auf die Artikel alfaneque bei Dozy und Engelmann S. 102—7 und Leopoldo de Eguilaz y Yanguas, Glosario etimológico de las palabras españolas de origen oriental. Granada 1886, S. 157.

B. Luchs. Waschaq.

Ja'qûbî sagt k. al-buldân ed. T. G. J. Juynboll Leiden 1861, S. 55 von Khârezm:

„Dort werden Pelze verfertigt und anderes Rauchwerk von Zobel, Korsak, Hermelin, Luchs und Vehe.“

Vergl. Ibn al-Faqîh S. 235. De Goeje identificirt es ebendaselbst S. LII wol mit Recht mit dem von Ibn al-Faqîh S. 297 genannten أَشْقَى, das aus Armenien kommen und der Katze ähnlich sein soll [1]). Vergl, über waschaq und seine medizinische Verwendung auch Daûd al-Anṭâkî I S. 473, Ibn al-Baiṭâr IV S. 193.

[1]) Kaum irgendwo sind die Berührungen zwischen Morgen- und Abendland so auffallend als auf dem Gebiete des Aberglaubens. Vieles erklärt sich als Völkergedanke. Manches ist dadurch, dass arabische Bücher aus dem Kreise der Geheimwissenschaften wie Ibn Sîrîn mehrfach, 'Abd-ar-Raḥmân ibn Naṣr ibn 'Abdallâh [Der musulmannische Traumdeuter . . . Aus einem arab. Mss. übersetzt. Hamburg 1702.] in europäische Sprachen übertragen wurden, dem Abendlande zugekommen. Vieles endlich ist dadurch entlehnt, dass Christen unter muhammedanischer Herrschaft islâmische Bräuche adoptierten (s. z. B. Lane-Zenker, Sitten und Gebräuche der heutigen Egypter. 2. Bd. 1852 S. 54) und diese sich dann als neue Mode in der christlichen Kirche weiter verbreiteten; die Rückwanderung arabisirter Christen nach Europa beim Untergang des Königreichs Jerusalem scheint hierbei eine besondere Rolle gespielt zu haben; doch fand auch das Umgekehrte, namentlich in Spanien und Sicilien, statt. — Man verzeihe diesen an die Ibn-al-Faqîh-Stelle geknüpften Excurs, bei der es sich jedenfalls nur um einen einfachen Völkergedanken handelt. Die Verwendung unseres katzenartigen Tiers zu Liebestränken erinnert unwillkürlich daran, dass die Katze der germanischen Liebesgöttin heilig war.

Ein Beleg dafür, dass dieser Artikel auch aus dem nördlichen Europa bezogen wurde, findet sich bei Abulfedâ, der in seiner Geographie ed. Reinaud und de Slane Paris 1840, S. 202 berichtet, dass die Rûs durch stummen Handel von den nördlichen Völkern semmûr, Fuchs, Luchs und Aehnliches bezögen. Vergl. Frähn's Ibn Faḍlân S. 230. S. ferner Dozy, Dictionnaire détaillé des noms des vêtements S. 359.

C. Die Familie Mustelida oder das Wieselgeschlecht.

Der **semmûr** wird mithin am häufigsten erwähnt. Vergl. Ja'qûbî, K. al-buldân S. 55. Maqdesî nennt es S. 324 an erster Stelle als von Bulġâr kommend, auch Tha'âlibî erwähnt Laṭâif al-ma'ârif S. 132 سمّور بلغار semmûr von Bulġâr u. S. 128 semmûr als Specialität des Turklandes. Desgleichen lebt er nach Ibn al-Baiṭâr II S. 36 im Lande der Turk; ebenso nennt ihn Ibn al-Kebîr Bl. 170 b ein türkisches Tier; nach 'Abd al-Laṭîf al-Baġdâdî bei Demîrî II 30 essen die Türken sein Fleisch. Ibn Rosteh sagt von den Rûs S. 35/36: ‚Ihr Geschäft ist der Handel mit semmûr, Vehe und anderen Pelzen und sie verkaufen es dem, der danach begehrt.' Auch nach Ibn Faḍlân wurde sein Pelz von den Rûs mitgebracht (Jâqût II S. 836) und nach Jâqût I 113 (Art. Itil s. o.) aus Wîsû bezogen, wozu die oben erwähnte Abulfedâstelle (Geographie ed. Reinaud & de Slane S. 202) passt. Nach Ibn Baṭûṭa II S. 401 wurden semmûr, Vehe und Hermelin durch stummen Handel aus dem Lande der Finsternis bezogen.[1]) Heute kommen die besten Zobelpelze aus Sibirien. Ibn Ḥauqal signalisirt den semmûr-Handel in Transoxanien ed. de Goeje S. 337:

„Von Ṣaġânijân nach Wâschġird gehen Safran und Felle von semmûr, Eichhörnchen, Füchsen und andere, die weit und breit exportirt werden."

Doch wanderte er auch den Westweg; vergl. Ibn al-Faqîh S. 84 (übrs. im Absch.: Sklaven). Iṣṭakhrî (um 950) nennt semmûr ed. de Goeje S. 45 unter den Exportartikeln des

[1]) Vergl. auch Dozy, Dictionnaire détaillé des noms des vêtements S. 358 Anm.

Maġrib und sagt S. 44: „In der Gegend von Tudela [andere Lesart: Toledo] giebt es viel semmûr". Nach Qazwînî II S. 366 kommt er im Ebro bei Tortosa vor. Ferner Maqqarî, Leidener Ausg. I S. 121/2 (vergl. Lerchundi & Simonet, Chrestomatia. Granada 1883 S. 20):

„So erwähnt Al-Ḥigârî im Mushib,[1]) dass der semmûr, aus dessen Haar feine Pelze gemacht werden, im Weltmeer bei Spanien nach der Insel Britannien zu vorkommt, nach Saragossa importirt und dort verarbeitet wird. Und nachdem Ibn Ġâlib das Semmûr-haar, welches in Cordoba fabricirt wird, erwähnt hat, sagt er: Ich habe nicht mit Sicherheit erfahren können, was dieses semmûr, dessen hier Erwähnung gethan wird, ist und was man damit sagen will, ob es ein vegetabilischer Stoff bei ihnen ist oder das Haar des bekannten Tieres, und wenn es das bekannte Tier ist, so hält sich dieses im Meere auf und kommt ans Land, und es besitzt Unterscheidungsvermögen. Es sagt Ḥâmid ibn Samḥûn[2]) der Arzt, der Verfasser des Buches über die einfachen Heilmittel: Es ist ein Tier, das im Mittelländischen Meere lebt . . ." Das Folgende handelt über das Bibergeil.

Über zamor im Spanischen s. Dozy & Engelmann, Glossaire des mots espagnols et portugais dérivés de l'Arabe. 2 éd. Leiden 1869 S. 365. S. ferner O. Schrader, Linguist.-histor. Forschungen zur Handelsgesch. u. Waarenkunde I S. 87, dem aber hier wie S. 95 die Verwechselung passirt ist das armenische Wort für arabisch zu halten, wahrscheinlich indem er Lagarde's Abkürzung ‚a.' misverstand. Vergl. auch Gayangos' Maqqarî I S. 391. Die Normannen haben Zobel nachweislich bis aus Amerika bezogen s. Wein-

[1]) s. Ḥ. Kh. 12039 ed. Flügel V Band S. 544.

[2]) Abû Bekr Ḥâmid ibn Samḥûn in Spanien, nach Steinschneider gest. um 1001 s. Virchow's Archiv Bd. 86 S. 126 und Index S. 148. Ferner Ḥ. Kh. VII. S. 1208 Nr. 7807 (I S. 227 Nr. 361). Vergl. auch Hammer-Purgstall, Literaturgeschichte d. Araber VI. Band S. 264 Nr. 5556. Der Name Ibn סמחון kommt nach Dr. Steinschneider's freundlicher Mitteilung auch bei Juden vor s. Hebr. Bibliogr. Bd. XIII 1873 S. 137; Catalogues des manuscrits hébreux et samaritains de la Bibliothèque Impériale (Paris) 228 Nr. 2 S. 29.

hold, Altnordisches Leben 1856 S. 101. Über den Preis des Zobelpelzes s. Ibn Baṭûṭa II S. 402.

Schon Saweljew (vergl· Erman's Archiv Bd. VII. S. 229) und wol abhängig von ihm Andree (Geographie des Welthandels I S. 38) haben behauptet, dass semmûr ein nordisches Lehnwort und mit unserem ‚Zobel‘ ursprünglich identisch sei. Russisch heisst dies Tier sobol, isländ. safala, schwed. sobel. Wertvolles Material über das Wort bei Lagarde, Gesammelte Abhandl. S. 71 und 226. Wie mir Herr Dr. Andreas mitteilt, kommt samoir schon bei Elisaeus Buch 7 gegen Ende (Venediger Ausg. 1864 S. 241, Zeile 2) bei Beschreibung des Ehrenkleides des armenischen Fürsten Vasak vor; er trägt einen Pelz daraus über den Schultern. Ferner zieht nach Faustus v. Byzanz IV Cap. 15 (Venediger Ausg. von 1832 S. 118, Zeile 3 v. unten) der König von Armenien, Arschak, seinen Zobelpelz über den Kopf.

Dozy bemerkt, dass die Araber unter semmûr gelegentlich auch den Biber verstehen, wofür er auch Qazwînî II 366 und 415, Dimeschqî ed. Frähn und Mehren S. 147 hätte anführen können. Qazwînî II 415 heisst es von einem Flusse im Lande der Slawen: „In diesem Flusse kommt der semmûr vor, und das ist ein Tier kleiner als die Katze; sein Haar ist von unübertrefflicher Weichheit. Man nennt es Wasserkatze. In diesem Flusse giebt es von ihm sehr viel. Sein Pelz wird nach Saqsîn und Bulġâr exportirt, wo sie mit ihm Handel treiben, und es ist in der That ein sehr weiches Pelzwerk.“ Mithin wird Marco Polo von Frähn (Ibn Faḍlân S. 56/57) ungerechter Weise der Verwechslung von Biber und Zobel beschuldigt.

Iṣṭakhrî S. 226, Ibn Ḥauqal S. 286 erwähnen, dass von den Erthâ der schwarze semmûr ‚es-semmûr el-aswad’ käme. Auch im Bundehesch ed. Justi S. ٣١ findet sich, nach Lagarde, Gesamm. Abhandl. S. 71 سمور سیاه. Niẓâmî nennt es im Iskendernâmeh (s. die oben mitgeteilten Stellen), sagt sogar ed. Calcutta 1812 (Spr. 1479) S. 410 von der Nacht, die den Morgen erzeugt:

سمور سيه زاد روباه زرد „Der schwarze Zobel gebar den gelben Fuchs“ und noch der Türke Faḍl-Bey (gest. 1225 H. = 1810 D.) verglich in seinem Zenân-nâmeh das Haar der deutschen Frauen mit der Schwärze des Zobels s. Le Livre des Femmes de Fazil Bey traduit du Turc par Decourdemarche. Paris 1879 S. 114. Über schwarz als Epitheton des Zobels im Slawischen s. Miklosich, Die Darstellung im slavischen Volksepos. S. 37 Denkschr. d. Wiener Akad. 38. Bd. 1890. Dagegen erscheint im Mittelhochdeutschen (Parzival 231, Wigalois Vers 826-829) schwarz nicht als Farbe, [1]) sondern höchstens als Grundfarbe des Zobelpelzes. Da es nun kein zobelähnliches Tier mit schwarzem Naturpelze gibt, das hier in Betracht kommen könnte, so würde man bei schwarzem semmûr, wenn man keine ausgestorbene Spielart annehmen will, zunächst nur an dunkler gefärbte Exemplare der mustela zibellina denken. Herr Akademiker v. Köppen teilte mir mit: „Es sollen im Altai neben den hellen sehr dunkle Zobel vorkommen, wie mir Herr Akademiker Radloff mündlich bemerkte.“ Friebe, Russland's Handel, Bd. 3 S. 413 entnehme ich folgende Mitteilung: „Die besten Zobel müssen . . . durchaus von der Spitze der langen Haare bis an die Wurzel derselben schwarz seyn, so dass man nichts von den niedern Haaren bemerkt. Ein solches Zobel heisst Na tschernoi semlje oder man sagt, es hat eine schwarze Motschka. Diese sind aber sehr selten.“ Auch bei uns ist ein Zobelpelz um so wertvoller, je näher er dem schwarzen kommt. Wir haben also nicht nötig, an gefärbte Pelze zu denken. Freilich kann semmûr, wie wir gesehen, auch den Biber bezeichnen und, da der Bedeutungsübergang wol durch das Medium des Fischotters, den Brehm mit Vorliebe „Marder des Wassers“ nennt, vermittelt wurde, so entspricht vielleicht es-semmûr al-aswad dem Sojotischen kara kundus und Karagassischen kara-hundus, die (wörtlich übersetzt: Schwarzer Biber) nach Castrén, Versuch einer koibalischen und karagassischen Sprachlehre. Petersburg

[1]) Weinhold sagt Deutsche Frauen II S. 237, dass die schwarze Art des Zobels genannt werde.

1857 S. 152 den Otter bezeichnen. Ich weiss nicht, ob man in jenen Gegenden schon die Felle des schwarzbraunen Seeotters antrifft. — Daûd al-Anṭâkî I 154 wird der Biber (das Tier, von dem der ǵundibîdester kommt) als schwarz „aswad" geschildert.

Deleq od. **deleh.**

Maqdesî 325. Ibn Rosteh sagt ed. Chwolson S. 21 von den Burdâs:

ولهم جمال وبقر وعسل كثير واكثر اموالهم الدلق

„Sie besitzen Kameele, Rinder und viel Honig; und ihr Hauptreichtum ist deleq."

Und bald darauf: واكثر اموالهم العسل والدلق والوبر „Aber ihr Hauptreichtum ist Honig, deleq und Pelzwerk überhaupt."

Derselbe Autor sagt S. 24 von den Bulgaren:

„Ihr Hauptreichtum ist der deleq. Sie haben kein geprägtes Geld, sondern ihre Dirhem's sind der deleq. Ein deleq-Fell gilt $2^1/_2$ Dirhem. Weisse, runde Dirhem's kommen zu ihnen nur aus islâmischen Ländern als Bezahlung".[1]) Vergl. hierzu das Gespräch Alexanders mit einem Russen über diesen Gegenstand in Niẓâmî's Iskendernâmeh bei Charmoy S. 155 ff. des Textes, sowie O. Schrader, Linguistisch-historische Forschungen zur Handelsgeschichte und Waarenkunde I. Teil S. 119. Schon zur Zeit der Normannen wurde im Russischen kuny (Mehrzahl von kuna) Marderfelle im Sinne von Geld gebraucht.

Lane, Dozy, de Goeje hielten den deleq für das Wiesel, Hommel meint mit Taubenwiesel wol keine besondere Unterart, Chwolson und Sontheimer für den Marder, Vullers für das Hermelin. Jedenfalls ist er ein zobelartiges Tier. Diese Verwandtschaft bestätigt Ibn al-Baiṭâr oder richtiger Ibn Gezla,[2]) dessen Minhâg er citirt; vergl. Demîrî I 307, auch Qâmûs II Calcutta 1817 S. 1273 sagt „ein Tierchen

[1]) Namen der Säugetiere bei den südsemitischen Völkern S. 331.

[2]) Über ihn habe ich ZDMG. Bd. 43 S. 371 gehandelt.

wie der Zobel", und zwar wahrscheinlich ein dunkles, da es nach Qazwînî I S. 394 auffallende Ähnlichkeit mit einer schwarzen Katze haben soll. Allerdings verstehen die persischen Originallexika teilweise ein weisses Tier unter دله, so Burhân-i-qâṭi' das Hermelin (daneben: Wildkatze), Behâr-i-'Aǵam einen weissen Fuchs, Schems el-luġa identificirt es mit fenek, widersprechen sich also und scheinen überhaupt schlecht unterrichtet. Bei Daûd al-Anṭâkî I S. 217: دلق النمر hat man nach den Parallelen bei Demîrî I 307 jedenfalls النمس Ichneumon[1]) zu lesen. Da das Pelzwerk des Wiesels nicht berühmt ist, so wird wol die Deutung „Marder" die beste sein; und zwar würde für Russland zunächst der Edelmarder in Betracht kommen. In Persien bezeichnet nach einer Privat-Mitteilung von Dr. Andreas deleh den Steinmarder „mustela martes", der bei Iṣpahân in grösseren Massen vorkomme, während dasselbe Tier im Süden semmûr heisse. Auf den Marder (aber auch Iltis und andere Verwandte) würde Qazwînî's Beschreibung I S. 394 passen: „Deleq ist ein Tier, das auffallende Aehnlichkeit mit einer schwarzen Katze[2]) hat. Es ist wild und unmöglich zu zähmen. Es ist ein Feind der Tauben, dringt in den Taubenschlag und wenn in ihm auch hundert wären, so lässt es nicht eine übrig. Auch ist es ein Feind der Drachen التعابين[3]), man sagt, dass die Drachen von seiner Stimme sterben; man sagt, dass es in Ägypten viele Drachen giebt, und wenn dort nicht der deleq vorkäme, so würde das Land kaum bewohnbar sein. Und was die speciellen Eigenschaften seiner Teile anbetrifft, so sagt man, dass, wenn sein rechtes Auge gehängt wird an den vom

[1]) Nims ist zweifellos Ichneumon (nicht Marder, wie Wolff's Dragoman 2. Aufl. angiebt) s. Brehm's Tierleben I. 2. S. 40, wenn auch Qazwînî I S. 388 wiederum den ابن عرس ‚Wiesel' mit dem Ichneumon verwechselt.

[2]) Die illustrirten persischen Qazwînîhandschriften (Berlin, Königl. Bibliothek Pers. 318 u. Peterm. 394) stellen den deleq in Folge dieser Stelle als schwarze Katze dar.

[3]) Ueber den ثعبان s. Qazwînî I S. 430; ثعابين مصر werden auch Tha'âlibî, Laṭâif al-ma'ârif S. 132 genannt.

Quartanfieber Ergriffenen, ihn das Fieber Schritt für Schritt verlässt, wenn aber an ihn sein linkes Auge gehängt wird, kehrt das Fieber zurück. Sein Blut; man träufelt es in die Nase des Epileptischen, bis er es einzieht, und wenn die Quantität ein halbes dâniq (Gram), nützt es ihm sehr. Sein Haar; räuchert man damit einen Taubenschlag, in dem viele Tauben sind, so bleibt keine einzige darin, sondern sie fliehen alle, und ebenso flieht die Schlange und der Scorpion vor seinem Geruche. Seine Haut; es setzt sich darauf, der an Hämorrhoiden leidet, und es hilft ihm offenbar. Seine Hoden; räuchert man mit ihnen das Haus, so flieht davon die Ratte auf eine Zeit.“

Vergl. auch Ibn al-Baiṭâr. Bûlâqer Ausg. II S. 95, Leclerc's franz. Uebers. II S. 92.

Ibn al-Kebîr Bl. 122b: دلق اسم حيوان يوجد بالروس وبلغار الى البياض (sic!) صغير الجُثّة اكبر من السنور ودون الكلب وهو حارّ رطب اكل لحمه يزيد فى ٱلْباه وجلده يعمل منه فراء ويسمى باسمه ويحمل الى البلاد وهى اضعف حرّا من السمور وأثقل وزّنا وهى كريهة الرائحة ولذلك لا يلبسه الملوك

Demîrî I S. 307: „Ed-deleq mit fatḥa des mittleren Radicals. Ein Fremdwort aus dem Persischen. Ein Tierchen, das dem semmûr sehr nahe steht. ʿAbd-al-Laṭîf al-Baġdâdî sagt: Es zeigt manchmal Raubtiernatur und schlürft das Blut. Ibn Fâris sagt im Mugmal: es ist der Ichneumon, doch das ist nicht sicher. Râfiʿî sagt: Und der deleq wird ibn miqraṣ genannt.“

Die Doppelform deleq, deleh weist zunächst auf ein persisches Fremdwort hin, vergl. Tâg al-ʿarûs VI Kairo 1306 S. 347; doch ist das Wort kaum echt-persisch, wie Hommel a. a. O. S. 24 sagt. Klaproth Verzeichniss der chinesischen und manschuischen Bücher und Handschriften der Königl. Bibliothek zu Berlin. (Paris 1822) erwähnt in seinem Wörterverzeichniss der Tungusischen Dialekte daselbst S. 82 (88 ist Druckfehler in der Paginirung) unter der Rubrik Mangaseja „dsölöki“ für Hermelin, das er mit Mandschu soloki vergleicht. Herr Dr. Huth teilte mir auf meine Anfrage noch folgende Formen mit, die in irgendwelcher Beziehung zu pers. deleq zu stehen scheinen: Mandschurisch: solohi Zobel, jelken eine Art Marder nach C. v. d. Gabelentz Wörterb. Mongolisch: solongga, solonggo sibirischer Iltis, Marder nach Kowalewski's Wörterbuch.

Hermelin. Qâqum.

Ja'qûbî S. 55. Maqdesî 325. Ibn Rosteh sagt von den Bulgaren ed. Chwolson S. 23:

„Die Khazaren handeln mit ihnen und verkaufen ihnen. Desgleichen bringen auch die Rûs ihre Waaren zu ihnen. Alle von ihnen, welche an den beiden Ufern dieses Flusses wohnen, zu ihnen kommen die verschiedenen Leute mit ihren Waaren, wie semmûr, Hermelin, Eichhörnchen und anderem."

Nach Tha'âlibî, Laṭâif al-ma'ârif S. 132 kam qâqum von den Uiguren (?) تغزغز, ebendaselbst S. 128 wird es unter den Specialitäten des Turklandes genannt. Nach Ibn Baṭûṭa II S. 401 wurde es durch stummen Handel aus dem Land der Finsternis bezogen[1]). Derselbe sagt II S. 401/2:

„Qâqum ist die schönste Pelzsorte. Ein Pelz von ihm gilt in Indien 1000 Dînâre und umgesetzt, in unserem Golde 250. Es ist glänzend weiss von der Haut eines kleinen spannenlangen Tieres. Sein Schwanz ist lang, man lässt ihn am Pelze in seinem natürlichen Zustande. Zobel ist wohlfeiler; es kostet 400 Dînâre und weniger . . ."

Vergl. Dozy, Vêtements S. 359.

Dimeschqî ed. Frähn und Mehren S. 147:

„Der qâqum ist eine glänzend weisse Eichhörnchenart, die von den georgischen Bergen um das kaspische Meer importirt wird."

Demîrî II S. 208: „Der qâqum ist ein Tierchen ähnlich dem Eichhörnchen, ausser dass es kälteren und feuchteren

[1]) Zenker hat in seiner Ausgabe von Kasem-Beg's türkisch-tatarischer Grammatik S. 257 Zeile 5 dieses Tier in der Uebersetzung von Raḥmân Qûlî's Brief vergessen.

Temperaments ist. Daher ist es schneeweiss. Sein Fell ist dem des fenek ähnlich und teurer als Vehe.“

Die mitgeteilten Stellen sprechen für Frähn's Deutung (Ibn Faḍlân S. 232) des Wortes qâqum als Hermelin Mustela erminea, die auch durch Boqṭor bestätigt wird. Schon Maqdesî's Nebenform qâqûn verrät das Fremdwort; nach Saweljew (Erman's Archiv Bd. VI 1848 S. 95) soll es türkischen Ursprungs sein; auch im Bundehesch wird der weisse qâqem genannt ed. Justi S. ٣١ Uebers. S. 17. Neugr. *κακούμ* Hermelin s. Miklosich Denkschr. d. Ak. d. Wiss. Philos.-histor. Kl. 38. Bd. Wien 1890 S. 140, *τὸ κακούμι* Legrand *Λεξικον νεοελληνικον και γαλλικον* Paris. Um hinsichtlich der tiergeographischen Seite keine Bedenken zu lassen, citire ich Brehm II 88: „Das Hermelin hat eine sehr ausgedehnte Verbreitung im Norden der alten Welt. Nordwärts von den Pyrenäen und dem Balkan findet es sich in ganz Europa und ausserdem kommt es in Nord- und Mittelasien bis zur Ostküste Sibirien's vor.“ Nach F. A. Arsenjew [1]) bildet den Hauptgegenstand der Jagd der Syrjänen das Eichhörnchen, nächst ihm aber das Hermelin (s. Stieda's Referat im Archiv für Anthrop. X 1878. 451).

D. Nager.

Graues Eichhörnchen. Singâb.

Bezugsquellen: Nach Maqdesî 325 über Bulġâr; nach Jâqût I 113 aus Wîsû s. o.; nach Tha'âlibî, Laṭâif al-ma'ârif S. 132 von den Kirgisen خرخيز; als Specialität des Turklandes genannt ebendaselbst S. 128, vergl. Ibn al-Wardî ed. Hylander particula 18 Lund 1799 S. 150/1; als Handelsartikel von Qifġâq Ibn al-Athîr ed. Tornberg XII S. 253 u. 254; in Khârezm: Ja'qûbî, K. al-buldân S. 55 s. o. Auch kamen Eichhornpelze aus China, die Tha'âlibî a. a. O, S. 128 als السنجاب الفارمانى wie de Jong nach persischer Etymologie erklärt, „rattenähnliche Eichhörnchen“ bezeichnet [2]).

---

[1]) Die Syrjänen und ihr Jagdgewerbe. Moskau 1873 [russisch].

[2]) Tha'âlibî's Nachrichten über China pflegen, wie ich nach Herrn Prof.

Eichhörnchen- und semmûrpelze erhielt Ibn Baṭûṭa zu Terkhân (Astrachan) bei seiner Abreise unter andern Kostbarkeiten als Gastgeschenke s. ed. Defrémery und Sanguinetti II S. 412. S. ferner Abulfedâ, Annalen ed. Reiske & Adler V. S. 80.

Das Wort singâb ist persisch, das b nicht ursprünglich, s. çengâo Bundehesch ed. Justi. S. ٣١. Es bezeichnet zweifellos das graue Eichhörnchen, wie Frähn und Hommel (Namen der Säugetiere bei den südsemitischen Völkern. Leipzig 1879 S. 331) übersetzen und nicht das Hermelin (vergl. Saweljew in Erman's Archiv Bd. VI S. 95). Zum Beleg mögen folgende Stellen genügen:

Qazwînî I S. 396: „Singâb. Ein Tier wie die Ratte [1]), nur grösser an Körper als sie. Sein Haar ist äusserst weich. Man macht aus seinem Fell Pelze und es tragen sie die Üppigen im Sommer, denn er kühlt [2]) im Gegensatz zu den andern Pelzen. Sein Fleisch giebt man dem Wahnsinnigen zu essen, so hört sein Wahnsinn auf. Auch isst von ihm der Melancholiker und es hilft ihm zusehends, vorausgesetzt, dass Allâh Beistand gewährt."

Demîrî II S. 30/31: „Der singâb ist ein Tier nach Art einer

Arendt's Mitteilungen mehrfach (z. B. hinsichtlich des von den chinesischen Malerschulen S. 127 und den chinesischen Wachs-Regenmänteln Erzähiten) constatiren konnte, sehr zutreffend zu sein. In der That führen mehrere chines. Eichhörnchenarten mit schu³ Ratte zusammengesetzte Namen, s. Möllendorff, The Vertebrata of the province of Chihli. Shanghai 1877, S. 17 ff. Wahrscheinlich ist mit dem „rattenähnlichen Eichhörnchen" No. 33 Sciurus davidianus gemeint, von dem Möllendorff S. 18 sagt:

„Sciurus davidianus . . . sung-shu . . . Of uniform greyish brown colour with a long brown bushy tail and whitish underparts. These pretty squirrels are not uncommon in the western hills: they are much less arboreal in their habits than our common squirrel, but are . . . frequently seen among the rocks or in the low wood." Vergl. auch S. 19.

[1]) Die Berliner Handschrift Peterm. 394 hat infolge dessen an dieser Stelle eine grosse graue Ratte zur Veranschaulichung des singâb hingemalt. Das Pers. Manuscr. 318 hingegen bildet ein Tier ab, das mehr einem Schakal als einem Eichhörnchen ähnelt und auf der Oberseite dunkelgrau, im übrigen hellgrau ausgemalt ist.

[2]) Auch Ibn al-Baiṭâr sagt III 168, dass der fenek-Pelz zwar kälter als der des semmûr, aber wärmer als der des singâb sei.

Springmaus[1]), grösser als eine Ratte. Sein Haar ist äusserst weich. Man macht aus seinem Fell Pelze und es tragen sie die Üppigen. Er ist reich an Listen; sobald er einen Menschen gewahrt, springt er auf einen hohen Baum. Auf ihm verkehrt er und von ihm frisst er. Er ist häufig im Lande der Slawen und Turk . . . Von seinen Fellen sind die blauen glatten die schönsten . . . Schön sagt der Dichter:

„So oft blau wird die Farbe meiner Haut vor Kälte, bilde ich mir ein, dass sie Vehe.“ “

S. 31 wird es Cholerikern und jungen Männern zur Kleidung empfohlen. Ibn al-Kebîr fügt Bl. 172a noch die Weintrinker von Profession hinzu.

Anṭâkî I 284: „Sinâb ist ein vierfüssiges Tier, an Umfang einer Katze am ähnlichsten. Es hat einen kurzen Schwanz, was ich ausdrücklich hervorhebe, da es einige nicht zu wissen scheinen[2]). Es liebt den Fichtenbaum und hält sich auf demselben auf. Man trifft es in Syrien häufig an[3]). Seine Farbe ist weiss bis zu einem versteckten Schwarz, als wenn es Staub wäre . . .“ Gelegentlich der darauf folgenden Aufzählung seiner medizinischen Eigenschaften wird auch noch erwähnt, dass es sich von Früchten nährt; dasselbe sagt Ibn al-Kebîr Bl. 172a.

Vergl. auch Ibn al-Baiṭâr III 40.

Nach Popow werden von den Syrjänen ungefähr eine Million Eichhörnchen jährlich erlegt[4]); vergl. das in Erman's Archiv Bd. XI S. 35 Gesagte. Noch heute werden mit den Namen für Eichhörnchen von einigen ural-altaischen

---

[1]) Ueber jarbû' s. Hommel, Säugetiere S. 338 und „Djerboa“ bei Brehm I. 2. S. 331.

[2]) So sagt Ibn al-Kebîr Bl. 172a: „Das Eichhörnchen ist ein Tier wie die Ratte, aber es hat keinen Schwanz wie die Ratte.“

[3]) Vergl. den Survey of Western Plestiane. Arabic and English Name Lists. London 1881, S. 145: بئر السنجب, bîr es-sinjib, the well of the squirrel.

[4]) Kl. A. Popow, Die Syrjänen und das syrjänische Land [russisch]. Moskau 1874; vergl. Stieda's Referat im Archiv für Anthropologie X.

Stämmen die Kopeken benannt[1]); im Wogulischen heisst der Rubel schêt-lîn = 100 Eichhörnchen[1]). Über Eichhörnchen- und Marderfelle als Zehnten im Lähn'schen (Schlesien) bis ins 13. Jhd. hinein s. Tzschoppe und Stenzel, Urkundensammlung zur Geschichte des Ursprungs der Städte . . . in Schlesien und der Ober-Lausitz. Hamburg 1832, S. 35.

Was die Farbe anlangt, so kommen rote Eichhornfelle bei uns garnicht in den Handel; mir sind nur graue und weisse zu Gesicht gekommen (letztere Bauchfelle derselben Tiere); Leipziger Pelzhändler beziehen sie aus Russland. Ueber die Species teilte mir Herr von Köppen mit: „Wir haben im europäischen Russland nur eine einzige Art: Sciurus vulgaris, die in verschiedenen Farbenvarietäten sowohl nach Sommer- und Winterkleid, als auch nach der Gegend vorkommt. Herr v. Baer spricht in seiner sehr lesenswerten Abhandlung, betitelt ‚Nachrichten aus Sibirien'[2]) eingehend über die verschiedene Qualität des Grauwerks nach den Gegenden." Strahlenberg (Das Nord- und Oestliche Teil von Europa und Asia) S. 359: „Die Siberischen dunckelgrauen haben längere Haare, grössere und festere Häute. Die übrigen aus andern Provintzen, welche lichtgrau fallen, sind etwas wohlfeiler . . . Die Eichhörner, welche im Sommer gesammelt werden, haben rothe und dünne Haare und undauerhaffte Häute."

Biber. Qundus, Qundur[3])

Bezugsquellen: Nach Jâqût I 113 von den Kaufleuten auf der Wolga aus Wîsû gebracht s. o. Nach Jâqût III

---

[1]) O. Schrader, Linguistisch-histor. Forschungen zur Handelsgesch. u. Waarenkunde. S. 119.

[2]) in Baer & Helmersen's Beiträgen zur Kenntnis des russischen Reichs. Bd. VII. Petersb. 1845 S. 155 und 225-240.

[3]) Es ist nicht notwendig die Form durch Hinzusetzung eines Punktes in qunduz zu verändern. Sie findet sich nicht nur in Wüstenfeld's Qazwînî sondern auch bei Ibn al-Athir ed. Tornberg 12. Bd. S. 253 u. 254, bei Demîrî II S. 231, welcher Qazwînî citirt u. a. Desgleichen giebt Angelus a St. Joseph S. 55 قندر neben قندس an. Dagegen قندز in den Ausgaben Niẓâmî's.

S. 76 kam er in Sersen [1]) im äussersten Turklande auf den Markt. Qazwînî beschreibt ihn I S. 141 als ein Land- und Seetier, das in den grossen Flüssen des Landes Îsû ايسو lebt. S. darüber Frähn, Ibn Faḍlân S. 208|9, Ethé's Qazwînî-Übers. S. 487. Nach Dimeschqî ed Frähn & Mehren S. 145. kam er über das Schwarze und Asow'sche Meer zusammen mit semmûr und türkischen Sklaven:

وليس فيه كثير ينفع الناس غير السمور ووبر القندس وما يجلب من بلاد الترك من الرقيق

Franz. Uebers. v. Mehren S. 191. Vergl. Frähn, Ibn Faḍlân S. 28.

Nach Qazwînî II S. 412 Art. Bulġâr wurden singâb- und qundur-Fleisch von den Bulgaren gegessen, wozu ich bemerke, dass Papst Zacharias den Deutschen den Genuss von Bibern und Hasen verbieten liess s. Weinhold, Deutsche Frauen. 2. Aufl. II. S. 70. Abulfedâ erwähnt in seinen Annalen den qundus mehrfach; (ed. Reiske & Adler) IV S. 232 auch in der Form كندس; dieser Wechsel von q und k verrät wol den türkischen Ursprung. [2]) Dimeschqî berichtet ed. Frähn & Mehren S. 91., Mehren's Franz. Uebers. S. 109, dass der Biber (qundur) im نيل Nil vorkäme. Frähn vermutete (Ibn Faḍlân S. 241), dass Dimeschqî's Vorlage von dem sibirischen Flusse تبل Tobol gesprochen habe, eine ebenso geistreiche, wie beachtenswerte Conjectur. In Ägypten dürfte der Biber schwerlich jemals vorgekommen sein. S. 147 (Mehren's Uebers. S. 194|5) schildert er ihn unverkennbar und sagt, dass er vom kaspischen Meer herkäme.

Zwischen Biber und Fischotter scheinen die Araber nicht immer genau zu unterscheiden. Kelb-el-mâ ‚Hund des Wassers' hat vielleicht ursprünglich den Fischotter bezeichnet. [3]) Qazwînî unterscheidet noch zwischen diesem und dem qundur,

---

[1]) S. oben S. 121/22.

[2]) Vergl. Strahlenberg S. 332: ‚Biber. Auf Russisch Bobri und Taterisch Condus genannt'.

[3]) Keinesfalls ist das Wort jedoch durch „Seehund" wiederzugeben, wie Mordtmann in seinem Iṣṭakhrî S. 89 gethan hat.

welche er in zwei verschiedenen Artikeln (qundur I S. 141 2) kelb el-mâ S. 142|3) behandelt; seine Illustratoren halten sich auch hier ohne Anschauung des Tiers an seine Worte. Vom qundur sagt er S. 142 Zeile 3|4: „Seine Hode wird el-gund bîdester (Bibergeil) genannt, doch wird auch gesagt, dass dies die Hode von kelb el-mâ oder eines anderen Tieres sei, und Allâh weiss es am besten" und ebendaselbst Zeile 23|24: „Einige sagen, dass das Tier, dessen Hode das gund bidester ist, auch kelb el-mâ genannt werde; aber andere sagen, es sei die Hode des qundur." Nach Qazwînî I. S. 141 frisst der qundur Fischfleisch und Holz des Khalengbaumes;[1]) kelb el-mâ nährt sich nach I S. 143 von Fischen und Krebsen. Der Biber ist — zum mindesten vorwiegend — Vegetarianer. Nach Iṣṭakhrî ed. de Goeje S. 189 kommt kelb el-mâ im Urmiasee vor, von dem unsere Geographen sagen, dass in ihm seines hohen Salzgehaltes wegen keine Fische leben,[2]) während Iṣṭakhrî a. a. O. das Gegenteil behauptet (وفيها سمك). Dagegen identificirt Demîrî II S. 231 auf Ibn Diḥja's († 633 H. = 1235 D. s. Wüstenfeld, Geschichtschr. d. Araber Nr. 319) Autorität den qundus mit kelb el-mâ, sowie (selbstständig) ebendaselbst S. 272,[3]) desgleichen Tâg al-'arûs. Nach Mas'ûdî's Goldwäschen III S. 13 kommt von kelb el-mâ das Bibergeil. Möglicher Weise ist dieser Name im Semitischen sehr alt; im Assyrischen findet sich nämlich dieselbe Verbindung: kalab mê, ohne dass feststünde, welches Tier hiermit bezeichnet werden soll, in einer Liste vierfüssiger Tiere, s. Friedrich Delitzsch, Assyrische Studien. Heft I. Assyrische Tiernamen. Leipzig 1874 S. 40. Delitzsch verweist zugleich auf Mischna, Kelim XVII 13:

---

[1]) Über diesen findet man unten einen besonderen Artikel. Birke frisst der Biber in der That vergl. Brehm I. 2. S. 321 und 323. Demîrî hat II S. 231, Qazwînî's Artikel kürzend, sowohl das Land Îsû als den khalengbaum, mit denen er vielleicht nichts mehr anzufangen wusste, fortgelassen.

[2]) s. z. B. Ritter's Geogr.-stat. Lex. 6. Aufl. 2. Bd. 1874 unter Urmia.

[3]) Trotzdem behandelt er sie in besonderen Artikeln. Aus dem Pelze von kelb el-mâ machte man nach Demîrî II 273 auch Gamaschen, die vielleicht mit den nach Tha'âlibî's Laṭâif al-ma'ârif 132 aus Qazwîn kommenden zu idenficiren sind.

כל שבים טהור חוץ מכלב המים מפני שהוא בורח ליבשה
„Alles, was im Meere lebt, ist rein ausser keleb ham-majim, weil er auf das Trockene flüchtet.“ [1])
Im Persischen findet sich eine wörtliche Uebertragung des Namens: سگ آبی nach Angelus a. S. Joseph (Gazophylacium linguae Persarum. Amsterdam 1684 S. 55) den Biber, wie mir aber Dr. Andreas mitteilte, den Fischotter bezeichnend. S. aber Justi's Bundehesch S. ٣٠. Übers. S. 17:

بووری ی آوی که سگ ی آوی قرینونند

„Der Wasserbiber, den man Wasserhund nennt.“
Auch in den gesta Abbatum Fontanellensium (etwa aus dem Jahre 840 D. ed. Loewenfeld. Hannover 1886) wird S. 53 ein canis Ponticus erwähnt, ‚quem vulgus bevurum nuncupat.‘

Wie hier vielleicht eine orientalische Bezeichnung des Bibers nach dem Abendland, so ist umgekehrt einer seiner abendländischen Namen nach dem Morgenlande gewandert. Das russ. bobr, poln. bóbr, altbulg. bebru, lit. bebrus, altn. bifr, bior und biur erscheint in der Form ببر bei einigen Arabern,[2]) so bei Idrîsî s. Dozy Suppl. I S. 50; Frähn, Ibn Faḍlân S. 57, wozu ich noch Ibn Ijâs († um 930 H.) nachzutragen habe, Arnold's Chrest. Arabica S. 74, eine Parallelstelle zu Ibn al-Wardî[3]) Specimen operis cosmographici Ibn el Vardi arabice et latine, particulam cujus decimam & octavam moderator Andr. Hylander ac defensor Hårdh luci modeste committent, 1799 Lundae) S. 150/151. Vergl. auch L. Lewysohn, Zoologie des Talmuds S. 98.

Schliesslich kommt Biber als Handelsartikel noch unter dem Namen خزّ khezz vor. Maqdesî 325: khezz-bûst über Bulġâr. Ibn Khordâdhbeh S. ٩٢: جلود الخزّ über das westliche

[1]) Vergl. L. Lewysohn. Zoologie des Talmuds S. 97 ff.

[2]) Das Wort ist nicht etwa nur slawo-germanisch, wie Schiemann, Russland Polen & Livland S. 8 meint, da nicht nur lat. fiber, sondern auch awestisch bawri etc. existirt s. Windischmann, Die persische Anahita od. Anaïtis. Abhandl. d. philos.-philol. Cl. d. bayer. Akad. d. Wissenschaften. 8. Band. München 1858 S. 116; Justi's Bundehesch S. 88.

[3]) † 749 od. 750 H.

Meer; vergl. die oben angeführte Parallelstelle: Ibn al-Faqîh S. 84. Nach Iṣṭakhrî 221 findet sich khezz nur in den Flüssen bei Bulġâr, den Rûs und Kijew; Ibn Ḥauqal ist S. 281 bedeutend ausführlicher; von den Rûs und Bulġâr kommen nach ihm auch

„die Khezzfelle, welche weithin exportirt werden und nur in diesen nordischen Flüssen vorkommen, welche in der Gegend von Bulġâr und der Rûs und Kijew sind; und was in Spanien von Khezzfellen vorkommt ist etwas, das von den Flüssen herkommt, welche in den Slawenländern fliessen uud in den Meerbusen münden, an welchem das Land der Slawen liegt, und dessen Beschreibung vorangegangen ist. Der grösste Teil dieser Felle oder vielmehr alle werden im Lande der Rûs gefunden und etwas von der Gegend der Jâǵûǵ und Mâǵûǵ in feiner Qualität gelangt zu den Rûs in Folge ihrer Nachbarschaft mit den Jâǵûǵ und Mâǵûǵ und ihrer Handelsbeziehungen zu ihnen. Sie verkauften es dann in Bulġâr, bevor sie es zerstörten im Jahre 358 (968-9). Auch wird einiges davon nach Khârezm exportirt, weil die Khârezmier häufig ins Land der Bulġâren und Slawen kommen und sie überfallen, ausplündern und in die Sklaverei schleppen."

Vergl. Frähn Ibn Faḍlân S. 66 u. 147. Als Transithandelsartikel der Khazaren wird khezz ferner Iṣṭakhrî 224, Ibn Ḥauqal 283 und Jâqût II S. 438 genannt. Frähn übersetzte (Excerpta de Chazaris S. 10) „lutrinae" (pelles), ebenso im folgenden Jahre (Ibn Faḍlân S. 147) „Fischotter", Charmoy (Mém. de l' acad. des sciences de St. Pétersb. Série 6 Tom. II S. 324) „loutre marine". Letzteres stösst auf tiergeographische Bedenken; s. über das Verbreitungsgebiet des Seeotters: Brehm I 2 S. 127. wenn auch derselbe a. a. O S. 131 sagt: „Hohe Mandarinen China's lassen sich sogar Pelze aus Seeotterfellen bereiten" . . . und Daûd al-Anṭâkî I S. 196 khezz als ein vierfüssiges Tier von der Grösse einer Katze schildert, dessen Fell von den Königen China's getragen wird. Wiewol Verwechslungen auch hier wahrscheinlich sind, spricht doch der Ausdruck khezmijân,[1]) nach Daûd al-Anṭâkî I

[1]) Ueber die Etymologie s. Vullers, Lex. Pers.-Lat. S. 688.

S. 196 = Bibergeil, dafür, dass khezz vornehmlich den Biber meinte. Ausserdem bezeichnet khezz einen seidenen Stoff, der aber hier kaum in Betracht kommen kann, über den Kremer's Kulturgesch. II S. 290, Dozy & Engelmann. 2 éd. S. 90: alchaz zu vergleichen sind. De Goeje (Bibl. geogr. Arab. IV S. 224) will dieses nicht mit pers. قز, كج und كژ identificiren,[1]) vielleicht aber steckt in allen ein chinesisches Wort, auf das mich Herr Prof. Arendt aufmerksam machte: Nank. K'eh--ssĕ. nordch. k'o-szĕ. Shanghai k'ĕh-z', womit Gaze als neues chinesisches Fremdwort im Deutschen verdächtigt würde.[2]) Zur Bezeichnung des Stoffes wird khezz Ibn al-Faqîh S. 270, Tha'âlibî, Laṭâif al-ma'ârif S. 132 (خزوز السوس) und wol auch Firdausî Pariser Ausg. Bd. II S. 574 zweimal[3]) gebraucht sein. Bekanntlich bezeichnet im Deutschen, (genau wie im Arab. khezz) Biber nicht nur ein Tier, sondern auch einen Stoff; dass kein zufälliger Gleichklang vorliegt, geht daraus hervor, dass feinere Stoffe jenes Genres Castorins genannt werden.

Bibergeil (Maqdesî 325) fand in der arab. Medizin ausgedehnte Verwendung. Der gewöhnliche Name جندبادستر Mas'ûdî III 13, Maqqarî I 122 nach Ibn Gâlib, Ibn al-Baiṭâr I 171 ist gleichfalls persischer Abkunft, s. Mas'ûdî a. a. O. und Vullers, Lex. unter گندبیدستر s. auch Muwaffaq S. 81. Vergl. Strahlenberg, Das Nord- und Oestl. Teil von Europa und Asia S. 333; Friebe, Russland's Handel 3. Bd. S. 418; A. Erman, Reise um die Erde I S. 610; über die sonstige Verwendung des Biber's in der Medizin s. ausser Ibn al-Baiṭâr etc. auch Brehm I. 2. S. 326.

Dieser bemerkt a. a. O. S. 316, dass wol kaum ein anderes Tier sich so rasch vermindert habe wie der Biber. „Ehemals", so heisst es in dem oben erwähnten Aufsatze über

---

[1]) Nach Karabacek (Die persische Nadelmalerei Susandschird) wäre qazz aus kağ entstanden.

[2]) Vergl. auch gasa bei Leopoldo de Eguilaz y Yanguas, Glosario etimólogico S. 410; O. Schrader, Ling.-hist. Forschungen S. 251.

[3]) Trotz Rückert's Bemerkung zu I S. 48, (ed. Vullers S. 23) in der ZDMG. 8. Bd. 1854 S. 255.

die Jagd der Syrjänen, „gab es im Bezirke Ustsyol auch Biber, die aber jetzt völlig verschwunden sind; sie haben, wie der Syrjäne sagt; „jenseits der Felsen“ d. i. jenseits des Ural eine neue Heimat gesucht.“ In Deutschland sind zahlreiche Orts- und Flussnamen Zeugen seiner häufigeren Anwesenheit in früheren Zeiten, wie Biberach (-ach = aqua), Bober, Babelsberg[1]) und viele andere. In Polen und zum Teil auch in Russland sind mit bobr zusammengesetzte Ortsnamen fast noch häufiger als in Deutschland. Das jetzige Verbreitungsgebiet gestattet also kaum Rückschlüsse auf die alten Bezugsquellen.

Bunte Hasen, khergûsch mulauwan. Maqdesî 325. Khergûsch ist nach Qazwînî I 388 nur das persische Wort für erneb. Natürlich ist der Zusatz „bunt“ hier kein Epitheton ornans. Zwar ist nach unserer Auffassung der Hasenbalg nicht bunt; aber die Schuld wird an uns liegen. Die Araber waren vermöge ihrer realistischen Begabung bessere Naturbeobachter[2]). Hören wir den Naturforscher Brehm über den lepus vulgaris, I. 2. S. 461 ff.:

„Das Unterhaar ist auf der Unterseite der Kehle rein weiss, an den Seiten weiss, auf der Oberseite weiss mit schwarzbraunen Enden, auf dem Oberhalse dunkelrot, im Genicke an der Spitze weiss, das Oberhaar der Oberseite grau vom Grunde, am Ende braunschwarz, rotgelb geringelt. Hierdurch erhält der Pelz eine ächte Erdfarbe. Er ist auf der Oberseite braungelb mit schwarzer Sprenkelung, am Halse gelbbraun, weisslich überlaufen, nach hinten weissgrau, an der Unterseite weiss. Nun ändert sich die Färbung auch im Sommer und Winter regelmässig ab, und die Häsin sieht

---

[1]) S. Jacobi, Ortsnamen um Potsdam. S. 35.

[2]) Das zeigt sich auch an den vielen tonmalenden Worten, an denen die semitischen Sprachen, wie schon Wilhelm von Humboldt bemerkte, besonders reich sind, namentlich für Tiere. Das Klappern des Storches wird durch لقلق das Schreien der Krähe, des Raben, des Papageis durch غراب, زاغ, ببغا, das Schnurren der Katze durch هرّ, wenn man die arabischen Laute richtig ausspricht, vortrefflich wiedergegeben; vergl. auch namentlich hebr. צְפַרְדֵּעַ.

rötlicher aus als der Hase; es kommen verschiedene Abänderungen, gelbe, gescheckte, weisse Hasen vor, kurz, die Färbung kann eine sehr mannigfache sein.“ Übrigens finde ich, dass Jetze in seiner physikoteleologischen Betrachtung über die weissen Hasen in Liefland (Lübeck, im Verlag bei Jonas Schmidt. 1749) das Sommerfell des Schneehasen immer als bunt bezeichnet, so S. 9 mehrmals, S. 16: „Wenn man ein buntes Hasenfell genau betrachtet etc.“

Nach Tha'âlibî, Laṭâif al-ma'ârif S. 128 gehören „weisse Hasen“ zu den Specialitäten des Turklandes. Die eben citirte Stelle aus Brehm beweist, dass wir hierbei nicht notwendig an Schneehasen oder gar an den immer weissen Lepus glacialis zu denken haben. Der weisse Hase führt uns somit nicht mit gleicher Wahrscheinlichkeit wie der weisse Fuchs auf eine Polargegend als Ausgangspunkt des arabischen Handels zurück; wir werden unten noch vom weissen Habicht zu handeln haben. Auch Ibn al-Baiṭâr sagt I S. 21 von den Fellen des Hasen (Art. Erneb):

„Die vortrefflichsten von ihnen sind die schwarzen und weissen. Sie haben einen guten Geruch und dienen als Kleidung älterer Männer.“

Über schwarze Hasen in Norwegen sagt Adam von Bremen IV Cap. 31:

„Sola vero Nortmannia vulpes habet nigros et lepores“ sonst vermag ich über derartige Tiere nichts beizubringen.

Leder.

Das Wort كيمخت Maqdesî 325, gleichfalls persisch, ist mehrdeutig, s. Vullers, Lexicon Persico-Latinum S. 938|9 und bezeichnet an unserer Stelle wol rohe Häute oder gekörntes Leder. Saweljew macht Erman's Archiv VI 1848 S. 99 darauf aufmerksam, dass Juchtenleder bis auf unseren Tag im Orient bulġârî heisst, s. Burhân-i-qâṭi', Frähn in d. Mém. de l'acad. de St. Pétersbourg. Sér. VI T. I 1832 S. 534 ff., Defrémery im Journ. Asiat. 1850 II S. 195/6 Anm., Zenker's Türkisch-arab.-pers. Handwörterb., Dozy's Suppl; Kasan, die Erbin Bulġâr's, ist wegen ihrer Lederbereitung noch jetzt berühmt. Auch zieht Saweljew a. a. O. eine Stelle an, aus der hervorgeht, dass das Gerben den alten Bulġâren bekannt war, was übrigens nicht weiter auffällig ist, da die Kunst des Gerbens in ein viel höheres Alter hinaufreicht.

Ibn al-Baiṭâr erzählt vom semmûr-Pelz, dass er nicht gegerbt werden könne; desgleichen ʿAbd al-Laṭîf al-Baġdâdî bei Demîrî II 30: وجلده لا يدبغ كسائر الجلود dagegen konnte der singâb-Pelz gegerbt werden, Demîrî II 31.

Habichte.

Maqdesî 325. Thaʿâlibî erwähnt Laṭâif al-maʿârif S. 128 ausdrücklich weisse Habichte البُزاة البيض als Specialität des Turklandes; Habichte als Handelsartikel in Transoxanien s. Ibn Ḥauqal S. 337. Über die Häufigkeit der Habichte am schwarzen Meer s. Ibn Khordâdhbeh ed. de Goeje S. 156 des Textes, Uebers. S. 117. Qazwînî sagt I S. 407 von dem بازى bâzî[1]), dass er im Lande der Turk vorkomme: „Wenn

[1]) Vergl. den gleichnamigen Artikel der Sprengerschen Handschr. 1923 Bl. 38 ff. und bei Demîrî I S. 98 ff. — Das Wort bezeichnet wol eigentlich den Habicht [nicht den Falken] Astur palumbarius s. Layard, Niniveh und Babylon übers. v. Zenker. Leipzig (1856) S. 367, Brehm II 1 S. 598, wenn auch die persische Nomenclatur in dieser Hinsicht Schwierigkeiten bereitet. Übrigens war der Habicht der eigentliche deutsche Jagdvogel und gleichfalls bei den heidnischen Normannen beliebt: Mit der Leiche Sigurds sollen nach Sigurdarkwida III 64 auch zwei seiner Habichte den Holzstoss teilen: Grimnismal 44 wird allem Anschein nach sogar ein Götterhabicht (Habrok) erwähnt. Dass noch heute die Inder und Perser für den Habicht eine besondere Vorliebe haben, bezeugt Brehm II 1 S. 598 u. 599.

Bekanntlich ist die Falkenjagd noch heute im Orient üblich: s. ausser der bei Jacob Grimm, Geschichte der deutschen Sprache 3. Aufl. I S. 35 angemerkten Literatur vor allem Layard a. a. O. und von Neueren über die Falkenjagd bei den Kirgisen: Radloff, Aus Sibirien 1884 S. 466—468, S. 528, in Persien: Brugsch-Pascha, Land der Sonne. 2. Aufl. 1886 S. 166/7. Aus letzterem citire ich: „Der Anblick eines vornehmen Persers im Jagdkostüm sammt seiner Begleitung an Dienern und Hunden gehört zu den schönsten Schauspielen, die man gelegentlich auf den Landstrassen sehen kann. Der langbärtige Jägersmann zu Pferde trägt auf der linken, mit

an ihm die weisse Farbe vorherrschend ist, so ist er der schönste der Habichte, der korpulenteste, kühnste und am leichtesten zu dressiren; und der gescheckte wird nur in Armenien und im Lande der Khazaren gefunden." Näheres findet man in einer arab. Handschr. über Falknerei, Berlin Königl. Bibl. Sprenger 1926. In dem von Hammer-Purgstall in seinem Falknerklee übersetzten türkischen Bâznâmeh werden S. 11 unter andern russische und slawische Habichte genannt; Text ebendaselbst S. 8b. Auch Marco Polo sagt am Schlusse seines Werks: „Russia ist eine sehr kalte Gegend, und man hat mir versichert, dass es sich bis zum nördlichen Ocean erstreckt, wo, wie in einem vorhergehenden Teile des Werkes bereits gesagt worden ist, Geier und Wanderfalken in grosser Zahl gefangen und in viele Länder verführt werden." J. G. Kohl, Reisen in Südrussland. 2. Theil. Dresden und Leipzig 1841 S. 148: „Insbesondere sind der Falken und Habichte unendlich viele. Es giebt von ihnen äusserst elegante und schön gefiederte Arten, vor allem den schönen milchblauen falco cyaneus ... dann den prächtigen falco rufus, der in Russland blos den Steppenlandschaften eigentümlich ist ... Man sieht auf der ganzen Steppe überall Habichte und Falken ...", vergl. auch S. 230 daselbst. — Hammer-Purgstall a. a. O. S. XXIII/XXIV und vor allem Quatremère in der Note 126 zum ersten Bande von Maqrîzî's Geschichte der Mamlûkensultane S. 91—95

einem schwarzen Stulphandschuh bedeckten Hand seinen Falken, der mit klugen Augen in die Ferne schaut, auf dem Rücken hängt sein frängisches Gewehr, im Gürtel stecken Dolch und Messer, und sein Dienertross ist mit allem ausgerüstet, was zu einer Reise über Land an Wegzehrung nöthig ist. Man glaubt sich bei der zufälligen Begegnung in das Mittelalter versetzt und findet stets einen besonderen Reiz bei dem Entgegenkommen eines Jagdzuges. Die Falken sind aussergewöhnlich gut dressirt und werden in den vornehmen Vierteln der Stadt, besonders auf der Lâlehzâr-Strasse von Vogelzüchtern öffentlich feil geboten, wobei der Preis von 150 bis zu 200 Mark nach unserem deutschen Gelde steigt. Die Falkenjagd ist über ganz Westasien verbreitet. Im Kaukasus wie in den syrischen Wüsten zwischen Baghdad und Damaskus habe ich ihre Spuren verfolgen können ..." Man beachte ausserdem Brehm II S. 531 ff.

haben eine grosse Anzahl Belege dafür gesammelt, dass die Herrscher des Qibčaq den mongolischen Welteroberern Jagdfalken als Huldigung darbrachten. Der weisse Falke[1]) wurde bei Mongolen und Slawen hochgeschätzt, vergl. Schott, Uber die ächten Kirgisen, Abhandl. d. Königl. Akad. d. Wissensch. zu Berlin 1864 S. 449 ff. und Schott, Zur Uigurenfrage. Aus den Abh. . . . 1873 S. 39. Bei Quatremère S. 93 wird ein weisser Falk mit roten Klauen und rotem Schnabel erwähnt, welchen kirgisische Kaufleute dem Khubilai überreichten. Über einen weissen Falken, den Schâh 'Abbâs der Grosse vom Kaukasus her bezogen hatte, s. Voyages du chevalier Chardin en Perse. Nouvelle éd. par L. Langlès. 8. Tome. Paris 1811, S. 128. Ferner bemerkt Strahlenberg a. a. O. S. 353: „Falcken. Schneeweisse giebt es genug in der Provintz Dauria [am Baikal See] am Amour Strohm, welche von da sehr häufig nach China gebracht werden.“ Noch 1615 übersandte der Czar von Russland mit einer Gesandtschaft 'Abbâs dem Grossen Jagdfalken schonkars und der persische Geschichtsschreiber, welcher davon berichtet, fügt hinzu, dass dieselben nur in Russland vorkämen.[2])

Über Raubvögel als Geschenk Kaiser Friedrich II.[3]) an Kâmil s. Reinaud, Extraits des historiens Arabes relatifs aux guerres des croisades. Nouvelle éd. Paris 1829, S. 427 Anm. 1. Qazwînî berichtet II S. 187, dass es treffliche Habichtjunge auf Jâbisa (jetzt: Ibiza)[4]) gäbe. Bernhard von Eptingen ferner erzählt in seiner Pilgerfahrt[5]) (1460 unternommen), dass ihnen, als sie in Joppe eingetroffen waren,

---

[1]) S. über ihn auch Justi's Bundehesch S. 85 Art. دباچ

[2]) Quatremère a. a. O. S. 94.

[3]) Interessant ist übrigens folgende Stelle in dem Buche de arte venandi cum avibus, welches der grosse Staufenkaiser verfasste, II 77: [Grimm a. a. O. S. 34] reges Arabum mittebant ad nos falconarios suos peritiores in hac arte cum multis modis falconum.

[4]) Grösste der Pityusen.

[5]) Beiträge zur vaterländischen Geschichte. Hrsg. von der Histor. u. Antiq. Gesellsch. zu Basel. Neue Folge. Bd. II Heft I der ganzen Reihe XII. Band. Basel 1885 S. 36.

ein Guardian der Barfüsser und zwei „Heiden“ auf dem Schiff Besuch abstatteten. „Und do war der Heyd“, heisst es daselbst, „auch gar ein schöner mann, dem schencket der patron[1]) drey falcken.“ Wie wir sehen, führten also noch im 15. Jhd. Schiffe, die nach dem Orient gingen, diesen Artikel mit. Der Würgfalke[2]) ṣaqr al-ḥurr wird nach Brehm a. a. O. S. 532 noch heute aus Syrien, Kleinasien, der Krim und Persien bei den Beduinen der Ṣaḥrâ eingeführt. Über die Bezugsquellen bemerke ich noch, dass nach Weinhold (Altnord. Leben, S. 112) norwegische Kaufleute Falken aus Island holten, woselbst bekanntlich der vorzügliche weisse Jagdfalke vorkommt. Dennoch haben wir nicht nötig, an diesen falco arcticus zu denken und etwa den kûfischen Münzfund auf Island[3]) zu ihm in Beziehung zu setzen. Tha'âlibî meinte jedenfalls den weissen sibirischen Habicht, eine Spielart des Astur palumbarius, von Brehm II. 1. S. 599 u. 591 erwähnt. Die Bezeichnung Turk kann ziemlich weit auf die ural-altaischen Stämme, welche damals den grössten Theil Russlands und Sibiriens innehatten, ausgedehnt werden.

Noch einige Worte über die west-östlichen Entlehnungen von Falken-Namen. Hammer-Purgstall versuchte in seinem Falknerklee S. V unser Wort baizen aus باز, zu dem man Dozy's Suppl. vergleiche, abzuleiten; s. jedoch Kluge's Etymol. Wörterb. unter „beitzen“. Falknerklee S. VIII wird Bussard zu بزاة (plur.) gestellt, während es näher lag, an بوز und die Nebenform Bus-aar zu denken, die auch Kluge anführt; vergl. auch „die Busse“ und das franz. (la) buse = Bussard, das man sonst aus lat. buteo erklärt. Doch ist diese Frage noch keineswegs spruchreif. Ueber das Wort בזאי vergl. Lewysohn, Zoologie des Talmuds S. 165; über باج Justi's Bundehesch S. 85; باشق Ms. Sprenger 1923 Bl. 39; بازدار Falkner ist aus dem Pers. ins Arab. gedrungen, s. Qazwînî I S. 416.

---

1) Der Patron war der Besitzer und Kapitän des Pilgerschiffes.

2) Falco saqer s. Brehm a. a. O. S. 539, bei uns höchstens ausnahmsweise vorkommend.

3) S. meinen Nordisch-balt. Handel d. Araber S. 41.

Hehn[1]) hat ferner چرخ (s. Qazwînî I 417) und چرغ zu griech. κίρκος, slaw. krećet (vergl. Quatremère a. a. O. S. 92) gestellt.

Über das Verhältnis von lat. sacer zu arab. صقر ṣaqr[2]) war bisher die Ansicht Hehn's, welcher sich auch Fränkel[3]) anschloss, die herrschende. Hehn erklärte nämlich a. a. O. S. 495 sacer (wie auch das deutsche „Weihe") für eine Übersetzung des griech. hierax und sah in jenem die Grundform nicht nur von ital. sagro, franz. und span. sacre, mhd. sackers, ngr. σάρκε, sondern sogar von arab. صقر slaw. sokolŭ, lit. sakalas. Mit Recht ist Lagarde, der in den GGA 1887 S. 303 reiches Material zum Studium dieser Frage bietet, diesen Aufstellungen entgegengetreten. Zunächst äussert er gegen die Ableitung von صقر aus lat. sacer Bedenken[4]). Ich halte die Wanderung ṣaqr-sacer (vom Arab. ins Lat.) für höchst wahrscheinlich. Ṣaqr dürfte im Arab. ursprünglich sein, da die Wurzel ṣaqar „(zu Boden) schlagen" eine passende Benennung für den Stossvogel abgiebt. Seine Entlehnung aus türk. سنقر[5]) sunqur ist nicht sehr annehmbar da:

1. صقر neben سنقر vorkommt. Qazwînî behandelt sie I S. 417 und 416 in getrennten Artikeln als verschiedene Vögel, die sich auch hinsichtlich ihrer Jagdweise zu unterscheiden scheinen[6]). Schon Lagarde verwies a. a. O. auf

---

[1]) Kulturpflanzen und Haustiere 5. Aufl. 1887 S. 495.

[2]) Nach Gawâlîqî's Mu'arrab S. 28 und der Sprengerschen Handschrift 1923 Bl. 89 kann jeder Jagdvogel ausser dem nasr und 'uqâb „ṣaqr" genannt werden.

[3]) Die aramäischen Fremdwörter im Arab. S. 115—116.

[4]) Und möchte lieber, falls صقر überhaupt Fremdwort sei, das türk. چاقر darin erblicken.

[5]) Über die verschiedenen Schreibungen s. Quatremère zu Maqrîzî's Histoire des sultans Mamlouks I S. 91.

[6]) Der sunqur lebt nur in den kalten Turkländern und jagt Vögel, indem er sie über ihnen Kreise beschreibend und sich allmählich herabsenkend auf die Erde treibt, wo sie die Falkner greifen, der ṣaqr = pers. چرخ jagt, indem er Gazellen und Wildkühen die Augen aushackt oder sich auf einen Kranich stürzt.

Abulfedâ Ann. tom. V 376, wo ṣanâqir neben ṣuqûr genannt werden, was die lautliche Verwandtschaft beider Worte zwar nicht ausschliesst[1]), aber unwahrscheinlich macht.

2. Weil ṣaqr im Arab. ein sehr altes Wort ist, das schon bei Dichtern der Gâhilîja vorkommt.

Übrigens ist سنقر nicht persisch, wie Grimm[2]) und Hehn[3]) angeben, sondern türkischen Ursprungs, hat sogar auffallende Beziehungen zu Ostasien, über die ich Herrn Prof. Arendt folgende interessante Mitteilungen verdanke:

Zunächst scheint türk. sunqur mit mandschurisch sung el verwandt zu sein, das nach Gabelentz, Mandschu-deutsches Wörterb. S. 185a „eine Art Raubvogel" bezeichnet[4]). Das Mandschu-Wort erklärt Prof. Arendt zweifellos als Lehnwort aus dem Chinesischen, was die Silbe el, das im Nordchinesischen vielen Substantiven der Umgangssprache angehängte örh, beweist. Sung allein bezeichnet im Chinesischen einen kleinen Jagdfalken oder eine Habichtart. In der Zusammensetzung sung-'rh findet es sich noch in der Pekinger Mundart für den Accipiter stevensoni (s. Möllendorff, The Vertebrata of the province of Chihli. Shanghai 1877 S. 38 No. 24), der zur Jagd auf kleinere Vögel gebraucht wird. Bezüglich der ältesten ihm erinnerlichen chinesischen Stelle über Falkenjagd schrieb mir Herr Prof. Arendt folgendes:

„In der circa 290 p. Chr. verfassten ‚Geschichte der 3 Reiche' (Periode von c. 180—280 p. Chr.) Abtheilung Wei, Buch 1, fol. 2 r. 4 a fine heisst es von dem berühmten Usurpator Ts'ao-ts'ao (um 200 p. Chr.), dessen Jugend also in die 2te Hälfte des 2ten Jhd. unserer Zeitrechnung fiel, er

---

1) Vergl. Lagarde, Gesammelte Abhandl. S. 3.

2) Geschichte der deutschen Sprache. 3. Aufl. I S. 36.

3) A. a. O. S. 495.

4) In einem anderen Schreiben an mich sagt der genannte Gelehrte: „Es ist mir inzwischen auch gelungen, den national-mandschurischen Namen für »Falke« zu entdecken: es ist s'ongkon (Gab. a. a. O. S. 190b) was schongkon zu sprechen ist. Dieses Wort macht den Eindruck echt mandschurisch zu sein."

habe in seiner Jugend besonderes Gefallen daran gefunden: „fei-ying tsou-kou“ d. h. „Falken fliegen und Hunde laufen zu lassen“. Der historische Roman gleichen Namens (um 1200) setzt dafür an der entsprechenden Stelle (Cap. I. fol. 7 r.) einfach: yu-liĕ „auf die Jagd zu gehen““.

Fische.

Im 10. Jhd. erzählten byzantinische Gesandte dem Chisdai in Spanien von den Khazaren:

ואניות באות אלינו מארצם ומביאים דגים ועורות וכל מיני סחורות

„Schiffe kommen zu uns aus ihrem Lande und bringen Fische, Felle und allerhand Waaren.“

S. das bekannte Schreiben Chisdai's an den König der Khazaren, das man u. a. bei Zedner findet, Auswahl histor. Stücke aus hebr. Schriftstellern (anonym) Berlin 1840; daselbst S. 31.

Vergl. ferner Kasem-Beg, Türkisch-tatarische Grammatik, deutsch von Zenker S. 257.

Gesalzene Fische السموك المُملّحه erwähnt Tha'âlibî in den Laṭâif al-ma'ârif S. 129 als Ausfuhrartikel von Khârezm.

Weinhold nennt getrocknete Fische als nordische Exportwaare, Altnord. Leben S. 102 u. 110.

Fischleim. Maqdesî 325. Nach Iṣṭakhrî S. 223, Ibn Ḥauqal S. 283 kam Fischleim aus dem Khazarenlande selbst, während die übrigen von dort bezogenen Handelsartikel zu den Khazaren erst importirt wurden. Qazwînî II 403 heisst es im Artikel Saqsîn:

„Dort ist ein grosser Fluss, grösser als der Tigris und in ihm kommen Fischarten vor, welche Niemand in einem anderen Flusse gesehen hat; ein Fisch ist eine Kameelslast schwer. Auch giebt es dort kleine ohne Gräten, als wenn sie ein Lammschwanz, gefüllt mit Hühnerfleisch, ja noch wohlschmeckender. Von diesen Fischen werden 100 mann für $1/2$ dâniq verkauft. Aus seinem Bauche kommt Tran, der für die Lampe einen Monat reicht, und so wird von ihm

$^1/_2$ mann und mehr Leim gewonnen; auch eignet er sich vortrefflich in Streifen geschnitten und gekocht zu werden."

Der Fluss wäre nach Chwolson der Ural; der grosse Fisch ist wohl der Hausen acipenser huso, der eine Länge bis zu 8 Metern erreichen soll. Qazwînî schöpfte diese Nachrichten aus Ġarnâṭî; da die Gothaer Handschrift desselben Bl. 21 nicht unwesentliche Abweichungen bietet, lasse ich den Text derselben folgen:

وفى النهر انواع من السمك لم يشاهد فى الدنيا قطّ مثله السمكة الواحدة حمل رجل واثنين (sic!) حمل الجمل القوىّ ومنها صغار ايضا ليس فى السمكة شوك ولا عظم فى راسها وليس لها اسنان كانها جمل (sic!) مَحْشُوّة بعظم[1]) دجاج طيّب واعذب واذا شويت هذه السمكة يجعلون تحتها الارز فتكون أحسنَ من لحم الجمل (sic!) السمين ومن لحم الضأن ومن لحم الدجاج ولا رائحة لها وتشترى هذه السمكة الّتى يكون فيها مائة منّا بنصف دانق ويخرج من بطنها دهن يكفى للسراج شهرين ويخرج من بطنها غِرا السمك نصف منّ او اكثر ويقدد لحمه فيكون أحسن من كلّ قديد فى الدنيا فى لون الكهربا ذا حمرة [?] صافيا يوكل مع الخبز كما هو لا يحتاج ان يطبخ ولا يقلى

Hausenblase bildet noch heute einen hauptsächlich südrussischen Handelsartikel. Strahlenberg sagt a. a. O. S. 362: „Hausz-Blase oder Carluck, auf Russisch Kley Ribey. Kömmt so wohl aus Russland als aus Ungern. Es wird aus der Urin-Blase des Fisches Beluga oder Hausens gemacht. Die beste ist in den zusammengewickelten Stangen, die andere aber in Kuchen gepresst. Man machet solche auch von Stöhr und Sevriuga. Aber diese ist nicht halb so gut als die erste . . ." Ledebour, Reise durch das Altai-Gebirge 1. Theil 1829 S. 25: „Aus Sibirien bringt man: Honig, Butter, Talg, Hausenblase, Moschus, Castoreum, einiges an Pelzwerk u. a. m."

---

[1]) Am Rande: لعله لحم دجاج

Fischzähne Maqdesî 325. Chwolson hat an Walrosszähne gedacht s. o.

Vielleicht gehört hierher auch das rätselhafte ختو Tha'âlibî, Laṭâif al-ma'ârif S. 128, Ibn Ḥauqal S. 337, zu dem man Vullers, Lexic. Pers-Lat. vergleiche.

Honig und Wachs.

Sehr oft von orient. und occident. Quellen als Handelsartikel genannt, so Maqdesî 325, Ibn Rosteh S. 21; Honig als Speise der Bulġâren s. Qazwînî II 412. Als Transithandelsartikel der Khazaren wird Honig und Wachs von Iṣṭakhrî S. 223/4 erwähnt; auf denselben Autor geht nach de Goeje[1]) Jâqût II S. 438 zurück. Maqdesî 355. Nach Ibrâhîm ibn Ja'qûb hatte Polen[2]) an Honig Ueberfluss (ed. Kunik & Rosen S. 36).

So weit die grossen Lindenwaldungen namentlich an der Wolga und in Polen sich ausdehnten, wurde Honig gewonnen; den Reichtum Preussens an diesem Artikel erwähnt der Seefahrer Wulfstan. Heyd nennt in seinem Werk über den Levantehandel im Mittelalter (I S. 96) das Wachs ein echtes Landesprodukt der bienenzüchtenden Slawen. Doch trieben diese nicht etwa Waldbienenzucht, wie Hehn meint, indem er erzählt, (Kulturpflanzen und Hausthiere 5. Aufl. 1887 S. 477): „Der Südosten von Europa, die Abhänge der Karpathen und die sich anschliessenden Ebenen waren von Urbeginn eine grosse Lindenwaldung, die noch in historischer Zeit einen unermesslichen Honigertrag lieferte und in der die unterdess eingerückten Slaven hausten und schmausten. Bei steigender Kultur des Bodens hatte jeder Zeidler sein bestimmtes Revier im Walde, und die Honigbäume wurden gezeichnet. Ganz

---

[1]) ZDMG. 25. Band 1871 S. 51.

[2]) Das Reich des Mieszko. Dass dieses auch bei Qazwînî II 415 genannt wird und dieser ferner II 458 einen Parellelartikel mit Bekrî ed. Kunik & Rosen S. 37 über die Stadt der Frauen hat, in dem Ṭarṭûschî ausdrücklich als Gewährsmann genannt wird, bestätigt meine Hypothese, dass Ṭarṭûschî ein Reisegefährte des Ibrâhîm ibn Ja'qûb, also Gesandter am Hofe Otto des Grossen war. S. Beilage 3.

spät erst fanden sich von Süden und Westen her Bienenstöcke . . . bei den Häusern und in den Gärten ein, indess gleichzeitig der Wald immer weiter rückte. In Litauen und Russland aber blieb das Honigsammeln in den Wäldern noch bis in späte Zeit überwiegend.“ Vergl. Strahlenberg a. a. O. S. 3334. Ibn Rosteh sagt nämlich S. 28—29 von den Slawen: ولهم مثل الحباب من خشب معمول فيها كور لنحلهم وعسلهم ويسمّونها أُليشج يخرج من الحبّ الواحد مقدار عشرة اباريق

„Und sie haben etwas Krugähnliches von Holz gemacht. Darin ist ein Heerd für ihre Bienen und ihren Honig. Sie nennen sie ulîschǵ[1]). Jeder Krug liefert eine Quantität von 10 Kannen.“

Nach Saweljew (Erman's Archiv, Bd. VI S. 102) ist die Bienenzucht der vornehmste Betriebszweig der Tschuwaschen und Tscheremissen. Über die Bienenzucht bei den Tschuwaschen vergl. den Artikel in Erman's Archiv, Bd. IX „Die simbirskischen Tschuwaschen“, namentlich S. 572 und 573.

Der Gebrauch von Honig und Wachs[2]) war vor der Reformation gewiss ein ausgedehnterer, da grösserer Wachslichterbedarf der Bienenzucht aufhalf, und Honig, wenigstens im Abendlande, vielfach die Stelle des Zuckers vertrat. Auch verwandten die Araber den Honig in der Medizin (s. bereits Sûre 16 Vers 71).

---

[1]) S. Chwolson, Ibn Rosteh Anm. 65.

[2]) Scham‘ bedeutet auch Wachskerzen.

Produkte aus dem Pflanzenreich.

Khaleng[1]).

Über den Khalengbaum habe ich ZDMG 43. Bd. S. 374—375 gehandelt.

Ibn Rosteh sagt ed. Chwolson S. 21 von den Burdâs: وأكثر اشجارهم الخلنج „Unter ihren Bäumen ist der Khalengbaum am häufigsten." Dimeschqî hält Textausg. S. 75 den Bernstein für das Harz des Khalengbaumes. Dass dieser bei den Rûs vorkam, geht aus Jâqût II S. 837 hervor. Nach Qazwînî II 251 und 270, wozu man Frähn, Ibn Faḍlân S. 252 vergleiche, kam der Baum in Ṭaberistân vor; von dort bezogen die Kammmacher in Rei sein Holz und verarbeiteten es zu Drechslerwaaren, die sie mit Gold verzierten. „Von er-Rei geht es in alle Länder." Auch in Ardebîl stand die Khalengindustrie in Blüte s. Jâqût I S. 197/198. Den Reichtum Ṭaberistân's an Khalengholz hebt auch Ibn Hauqal S. 272 hervor. S. ferner de Goeje Bibl. geogr. Arab. IV S. 229.

Schwierigkeiten macht die Bestimmung des Khalengbaumes. Ibn al-Baiṭâr versteht darunter offenbar Baumartige Heide Erica arborea[2]). Auch bei Ibn al-Kebîr Bl. 110a finden wir diese Identification. Diese aber konnte schwerlich von Bulġâr kommen (Maqdesî 325). Nach Anṭâkî I S. 201 kam das Gewächs in Indien und China vor und Ibn al-Kebîr sagt Bl. 110a von ihm unter anderm: „Er wird be-

[1]) Mehrfach findet man dafür خليج

[2]) Leclerc, Ibn al-Baiṭâr II S. 43: Nous avons encore entendu les Kabyles donner à la bruyère le nom d' akhlendj.

sonders umfangreich in China, im Lande der Rûs und Bulġâr, wo man aus ihm Gefässe und Teller verfertigt, die weithin exportirt werden; und die Pfeile, welche aus ihm verfertigt werden, sind unübertrefflich."

Aus den bei Frähn, Ibn Faḍlân S. 107—9, 252—3 und in Dozy's Suppl. angeführten Citaten geht hervor, dass das Holz des Khalengbaumes sehr hart war; denn es wurde zu Hausgerät, Tischen, Pfeilen, Rosenkränzen und dergl. verarbeitet. Da im Mordwinischen die Birke kileng, im Tschuwaschischen choryn (sic!), im Jakutischen chatyng[1]), im Tatarischen kaiyn heisst, liegt es nahe an diese und ein Fremdwort ural-altaischer Abkunft zu denken. Doch könnte das Wort bei seinem Übergang die Bedeutung variirt haben. Die Ansicht, welche Baron v. Tiesenhausen in der Besprechung der 1. Aufl. vorliegender Arbeit in den Schriften der orientalischen Abteilung der Russ. Archäol. Gesellsch. I. 3. 1886 S. 237 äusserte, dass khaleng der Ahorn sei, scheint mir sehr beachtenswert; erstlich, weil das Holz des Ahorns von Drechslern sehr geschätzt wird, womit man Qazwînî II 251 und 270 vergleiche, zweitens, weil die bei Hehn S. 491 angeführten slawischen Benennungen des Ahorn: russ. klën, poln. klon, czech. klen wol mit خلنج in Verbindung zu bringen sind.

Birkenrinde. Tûz.

خلنج scheint zuweilen mit خَذَنْك verwechselt zu werden. Dieses gehört nach Tha'âlibî, Laṭâif al-ma'ârif S. 128 zu den Specialitäten des Turklandes und bezeichnet die Birke s. Frähn, Ibn Faḍlân, namentl. S. 131/2. Aus Jâqût II 840 geht hervor, dass es auch im Norden vorkam. Dozy's Deutung „Weisspappel" (Suppl.) dürfte unrichtig sein: Im Koibalischen bezeichnet kâdèng, im Sojotischen kâdeng, im Karagassischen kadeng nach Castrèn, (Versuch einer koibalischen und karagassischen Sprachlehre. Petersburg 1857 S. 136) die Birke. Ḥamza al-Iṣfahânî sagt (ed. Gottwaldt S. 197/8), den Astro-

[1]) Middendorffs Sibirische Reise. Bd. III Th. 2, S. 76.

logen Abû Ma'schar aus Balkh citirend, dass die Rinde des Khadenġbaumes tûz genannt werde. Dieses Wort begegnete uns aber bereits unter den nordischen Handelsartikeln: Maqdesî 325. Die gewöhnliche Erklärung ist zwar auch hier: Weisspappel (Sontheimer in seinem Ibn al-Baiṭâr: Schwarzpappel); doch spricht Ibn al-Baiṭâr's Schilderung (II 42 der Bûlâqer Ausg. ist für هو المعروف عندنا بالجوز wahrscheinlich بالتوز zu lesen, vergl. Leclerc's Übers. I S. 473) für die Birke; Ibn Ḥassân (- Ibn Ǵulǵul s. Wüstenfeld, Gesch. d. arab. Ärzte No. 111) gedenkt bei ihm ihres wohlriechenden Harzes, des Betulin und seiner Gewinnung. Auch schon das von der Dauerhaftigkeit der Rinde bei Ḥamza al-Iṣfahânî a. a. O. Gesagte weist auf die Birkenrinde hin, die ihres starken Betulingehaltes wegen diese Eigenschaft in hohem Grade besitzt. Birkenrinde fand als Schreibmaterial Verwendung, s. de Goeje, Bibl. geogr. Arab. IV S. 198/9. In Kaschmîr benutzt man sie noch heute zu diesem Zwecke; eine Probe: im Museum für Völkerkunde — Berlin; vergl. auch dessen Catalog 1. Nachtrag. Indische Sammlung. 1. Saal, Berlin 1888 S. 12[1]) (nicht Kâschmîr!).

Haselnüsse. Bunduq.

Maqdesî 325. بندق nach Ibn al-Baiṭâr I S. 119 und Daûd al-Anṭâkî I S. 120 persisch für arabisch جلوز. S. auch Fränkel, Aramäische Fremdw. S. 139. فندق nach Tha'âlibî, Laṭâif al-ma'ârif S. 126 Specialität von Samarqand. بندق im Lande der kaukasischen Alanen s. Ibn al-Wardî ed. Hylander. Lund 1823 S. 136/7. Ibn Faḍlân sah bei den Bulġâren grosse Haselnusswälder, s. Jâqût 1 S. 726 Art. بلغار

---

[1]) Bei der Durchsicht dieses Büchelchens stiess ich ferner S. 9 auf die seltsame Hypothese, dass man die Lehre von der Wiedergeburt vielleicht der dunkelfarbigen Urbevölkerung Indiens verdanke. War dem Verfasser das Vorkommen dieser Lehre in der Edda unbekannt? Am Schluss des zweiten Liedes von Helgi dem Hundingstöter heisst es beispielsweise: „Es war Glauben im Altertum, dass Helden wiedergeboren würden; aber das heisst nun alter Weiber Wahn. Von Helgi und Sigrun wird gesagt, dass sie wiedergeboren wären: Er hiess da Helgi Haddingia-Held; aber sie Kara, Halfdans Tochter, so wie gesungen ist in den Kara-Liedern; und war sie Walküre.“

Auch die Haselnuss fand in der arab. Medizin Verwendung, s. Daûd al-Anṭâki I. 120.

Haselnüsse sollen nach Frähn (Mém. de l'acad. de St. Pétersb. Sér. VI T. I 1832 S. 542) im Orient „güsi-bulghar" [جوز بلغار] genannt werden. In gleicher Weise sagt Saweljew (Erman's Archiv 6. Bd. 1848 S. 99): „Auch die Russischen Nüsse erhielten in Mittelasien den Namen der Bulgarischen: güsi bulgar." Worauf sich diese Angabe stützt, weiss ich allerdings nicht zu sagen.

Bernstein.

Vor zwei Jahren erschien in der ZDMG[1]) eine Arbeit von mir über den Bernstein im Morgenland, in welcher man unter anderem die Nachrichten der Araber über den kâhrubâ nahezu vollständig zusammengestellt findet[2]). Nachzutragen habe ich noch: Nâṣir-i-Khosrau s. Nachr. d. Göttinger Gesellsch. d. Wissensch. 1882 S. 149 und Maqqarî Leidener Ausg. I S. 90. Für den vorliegenden Zweck sind folgende Stellen von besonderer Bedeutung:

Muwaschschâ (9/10. Jhd. D.) ed. Brünnow S. 127. Herr Professor Fränkel hatte die Freundlichkeit, mir einige Verbesserungen (auf Übersetzung und Text bezüglich) in Aussicht zu stellen, die als zweite Beilage folgen werden.

Maqdesî 325 lese ich jetzt für kâhruwâ kâhrupâ, indem ich 3 Punkte über dem و ergänze, wozu man Salemann & Shukoẉski Pers. Gramm. S. 17 § 7 Anm. vergleiche.

Ibn al-Gezzâr (10/11. Jhd.) sagt im I'timâd (Münchener Handsch. Cat. cod. bibl. Monac. I, 4, S. 165 No. 976 Bl. 9 b):

„Man bringt ihn aus dem Lande der Rûs."

Die Florentiner Handschrift liest dafür „Rûm", indem sie wol irrtümlich den Namen des unbekannten Volkes durch den des bekannteren ersetzte.

---

1) Zeitschrift der Deutschen Morgenländ. Gesellsch. 43. Band. Leipzig. 1889 S. 353—387.

2) S. 355 Zeile 20 verbessere man hù-kw'ai in hù-p'o.

Auch Ibn al-Kebîr (schloss sein Werk 1311) sagt Bl. 257, ein Fachmann in Importangelegenheiten habe ihm mitgeteilt, dass er den Bernstein von den Ländern der Rûs und Bulġâr bringe[1]).

Schêkh Daûd al-Anṭâkî (gest. 1596) Tedhkire (Ausg. von 1877 I, 386):

„. . . Er [der Bernstein] wird importirt aus den Hinterländern von Kafa [Feodosia] aus der Gegend der Tscherkessenländer von Bäumen in ihren Bergen — man sagt, es seien Nussbäume — und man unterscheidet westlichen und östlichen . . .“

Es unterliegt demnach keinem Zweifel, dass die Araber Bernstein von der Ostsee her bezogen haben; wer sich näher über diese Frage unterrichten will, vergleiche meine Arbeit in der ZDMG. Erst nach Abschluss derselben kam mir Tiesenhausen's erwähnte Kritik zu Gesicht; doch kann ich seiner Behauptung, dass ʿambar in der bekannten Maqrîzîstelle, welche ein Verzeichnis der fâṭimidischen Schätze enthält, notwendig Bernstein bedeute, keineswegs beipflichten. Leider ist hier nicht der Ort, darauf näher einzugehen.

---

[1]) Der Text scheint etwas verderbt, doch stimmt mein Abdruck a. a. O. S. 376 genau mit der Handschrift überein, die ich nochmals verglichen habe.

Produkte aus dem Mineralreich.

Metalle.

Blei kommt von den Erthâ, Iṣṭakhrî ed. de Goeje S. 226:

ويحمل من ارثا السمّور الاسود والرصاص

Ibn Ḥauqal ed. de Goeje S. 286:

ويحمل من ارثا السمّور الاسود والثعالب السود والرصاص

اسرف, اسرب Blei ist im Arab. ein pers. Lehnwort, während reṣâṣ von Fränkel[1]) für echt-arabisch gehalten wird. Dies drang, beiläufig bemerkt, in verschiedenen Formen (araxat, alrachas, rasas, rasasa etc.) ins Französische ein[2]). Nach Maqdesî S. 324 kam Blei aus Balkh; vielleicht vermittelte dieses den weiteren Handel, da es mit dem Norden, wie die Münzfunde beweisen, in intensivem Verkehr stand. In Saqsin diente nach Qazwînî II S. 403 Blei als Geld. Glaubwürdiger ist Ġarnâṭî's Originalbericht (Bl. 21 der Gothaer Handschrift), der er-reṣâṣ al-abjaḍ, also Zinn nennt. Allerdings könnte man auch bei Iṣṭakhrî-Ibn Ḥauqal an Zinn denken, der persische Iṣṭakhrî hat ارزيز s. Dorn, Geographia Caucasia S. 23; vergl. Ibrâhîm ibn Ja'qûb Textausg. S. 35.

Frähn wusste (Ibn Faḍlân S. 169) keine Fundstelle für Blei in Russland anzugeben; ich verweise auf Friebe, Russland's Handel 3. Bd. 1798 S. 425 ff.: „Blei liefern die ner-

---

1) Aramäische Fremdwörter S. 152.

2) Devic, Dictionnaire des mots français d'origine orientale Paris 1876. S. 10.

tschinskischen Bergwerke jährlich ohngefähr 50- bis 60.000 Pud u. s. w." und Erman's Archiv Bd. XI 1852 S. 510 u. 524 ff. An letzterer Stelle heisst es: „Silbererze kommen in Russland mit Bleierzen vor, und werden auch zu grösserem Teile mit diesen zusammen verhüttet. Die vorzüglichsten russischen Silber- und Bleigruben liegen in Sibirien. Es giebt aber auch Anbrüche von silberhaltigen Bleierzen in den sogenannten kahlen Höhen des Donezer Landes und am Ural, in den Distrikten von Nijne Tagilsk, Sysertsk und Jekatrinburg." Vergl. ferner Kokscharow, Über das russische Rotbleierz, Mém. de l'acad. impér. des sciences de St. Pétersb. Sér. VII T. XXIV 1877.

Über Kupfer s. Arnold's Chrest. S. 73.

Produkte der Industrie.

Waffen.

Schwerter. Maqdesî 325[1]); Ibn Khordâdhbeh ed. de Goeje S. 153, S. 154, Übers. S. 114, S. 115[2]). Die Bulgaren trugen nach Ibn Faḍlân „fränkische“[3]) Schwerter (Jâqût II S. 835; Frähn, Ibn Faḍlân S. 4/5). Die Rûsen hatten nach Ibn Rosteh S. 37 Salomonische Schwerter, wofür Chwolson selmânische lesen will[4]). Ibn Abî Ja'qûb en-Nedîm (10. Jhd.) sagt im Fihrist I S. 20:

„Die Franken. Ihre Schrift ähnelt der griechischen Schrift, nur ist sie hübscher und gleichmässiger. Bisweilen sahen wir diese auf fränkischen Schwertern . . .“

Auch Qazwînî spricht von fränkischen Schwertern und bemerkt II S. 334:

---

[1]) Die vermeintlichen Anhaltspunkte für den Handel mit diesem Artikel in entgegengesetzter Richtung dürften sich bei näherer Betrachtung als hinfällig erweisen. Die Schwerter, welche die Bulġâren nach Qazwînî II 418 — Originalstelle bei Abû Ḥâmid, Gothaer Handschr. Bl. 54 — aus islâmischen Ländern nach Jugrien importirten, waren wahrscheinlich Harpunen. Von dem Schwerte mit kûfischen Charakteren, das 1759 in Schweden ausgegraben wurde (s. H. C. v. Minutoli, Topograph. Übers. Berlin 1843 S. 10, Literatur über dasselbe ebendaselbst Anm. 4) bleibt es natürlich ungewiss, ob dasselbe durch den Handel und schon im frühen Mittelalter dorthin gelangte.

[2]) Man vergleiche damit auch das venetianische Verbot der Waffenausfuhr nach den Ländern der Ungläubigen vom Jahre 971 bei Tafel & Thomas, Urkunden zur älteren Handels- und Staatsgesch. d. Republ. Venedig. 1. Th. Wien 1856 S. 27 ff.

[3]) S. über diese auch das auf den Philosophen Al-Kindî (9. Jhd.) zurückgehende Schriftchen über Schwerter, Journal Asiatique V. Sér. T. III 1854 S. 76.

[4]) S. Kindî a. a. O.

„Die fränkischen Schwerter sind schneidiger als die indischen" [1]).

Panzer. Maqdesî 325. Vom König der Slawen sagt Ibn Rosteh S. 32: „Er besitzt vortreffliche, stark gearbeitete, kostbare Panzer." Vergl. Ibrâhîm ibn Ja'qûb, Textausg. S. 34.

Pfeile. Maqdesî 325 und zwar bezeichnet نُشّاب vorzugsweise die persischen harten Holzpfeile, während der arab. Rohrpfeil سهم ist. Über Pfeile aus dem Holze des Khalengbaumes s. Qazwînî II 234, 270; Frähn, Ibn Faḍlân S. 108, 109 u. 132. خدنگ für Pfeil s. Vullers. Lex. S. 663.

Mützen.

Maqdesî 325, wahrscheinlich Pelzmützen. Nach Mas'ûdî's k. et-tenbîh (de Sacy's Chrest. 2. Aufl. II S. 18) und den Murûg edh-dhahab desselben Verfassers II S. 15 kannte man Mützen (qalânis) aus nordischem Schwarzfuchspelz. Vergl. über die qalansuwa Frähn, Ibn Faḍlân S. 115; Dozy, Dictionnaire détaillé des noms des vêtements chez les Arabes S. 365—71 und Fränkel, Aramäische Fremdwörter S. 53 ff. Dozy denkt dabei an das Käppchen, welches man unter dem Turban trägt, also wol dasselbe Kleidungsstück, das man nach Lane-Zenker II 138 in Ägypten, weil es aus Filz ist, libde nennt, übrigens jedenfalls irrtümlich, da das Wort qalansuwa heute für die Kamilawka der griechischen Priester gebraucht wird; Dozy hat selbst bereits in den Suppl. die richtige Vorstellung. Zuweilen war die qalansuwa aus Ziegenfell, womit man das von uns über diesen Handelsartikel Bemerkte vergleiche. Getragen wurde sie unter anderm in Transoxanien.

Iṣṭakhrî S. 314: وامّا زيُّهم فالغالب عليهم الاقبية والقلانس على زىّ اهل ما ورآء النهر

---

[1]) Ferner ist in dem unsicheren alchymist. de conglutinatione lapidum, beigelegt dem Avicenna, Costa etc., jedenfalls dem arab. Literaturkreise angehörig, von deutschen Schwertern die Rede. Näheres bei Leclerc, Histoire de la médicine Arabe. Paris I 474, II 499.

„Und was ihre Kleidung anbetrifft, so ist qabâ [1]) und qalansuwa vorherrschend gemäss der Mode in Transoxanien.“

Ibn Ḥauqal S. 363: وزيّهم يغلب عليه الاقبية والقلانس زيّ ما وراء النهر

Nach Ibn Faḍlân bei Jâqût I S. 727 [2]) trugen alle Bulgaren die qalansuwa; vergl. Qazwînî II S. 414. Eine qalansuwa aus Zobel-dîbâg قلنسوة من ديباج سمور wurde dem verstorbenen Waräger aufgesetzt, dessen Bestattung Ibn Faḍlân als Augenzeuge beschreibt (Jâqût II 838; Frähn, Ibn Faḍlân S. 14/15).

Mützen mit Biberbesatz werden Demîrî II S. 231 erwähnt

الشرابيش [3]) التى يدار عليها بالقندس

Weinhold, Altnord. Leben S. 103.

Es ist eine bedauerliche Thatsache, dass der Forscher, welcher über den engen Horizont der Gymnasialfächer hinaus sich neue Pfade durch die Wildnis bahnt, von vornherein nur auf den Beifall einer kleinen auserlesenen Schaar zu rechnen hat. Die Masse der sogenannten Gebildeten sieht neidisch und mistrauisch seine Arbeit gedeihen, weil ihr dadurch das Privilegium geistiger Trägheit, welches sie zugleich mit dem Doctorhut erworben zu haben glaubt, gefährdet erscheint. Über ein wissenschaftliches Werk, das sich redlich bemüht, mit Benutzung aller Quellen [4]) Neues zu Tage zu fördern, giebt es bei dem Umfang, welchen das Gebiet unseres Wissens bereits gewonnen hat (obwohl wir noch sehr weit von einem gesunden Universalismus entfernt

---

[1]) S. Dozy, Dictionnaire des vètements S. 352—62, Demîrî II S. 30.

[2]) Vergl. Frähn, Die ältesten arabischen Nachr. über die Wolga-Bulgharen, Mém. de l'acad. de St. Pétersb. Sér. VI Sciences polit. etc. Tom. I 1832 S. 563.

[3]) schurbûsch ist das pers. ser-pûsch.

[4]) Nicht nur der winzigen Zahl klassisch privilegirter.

sind), selten mehr als 2 oder 3 competente Beurteiler. Diese Verhältnisse sind die Existenzbedingung für viele ungesunde Erscheinungen, zu denen auch der Afterkritismus zu rechnen ist.

Der Kritiker[1]) hat die neuen Errungenschaften des zu kritisirenden Werkes in knapper Form ohne jedes rhetorische Beiwerk vollständig hervorzuheben. Unterschlägt er eine derselben, so macht er sich eines schweren Vergehens an der Wahrheit schuldig und erweist sich als unfähig, diese Kritik zu schreiben. Andrerseits hat er für sämmtliche Thatsachen, die er auf Grund reicheren Quellenmaterials oder exacterer Methode widerlegen zu können glaubt, mit mathematischer Kürze den Gegenbeweis anzutreten. Selbstverständlich ist es eine ungemein verantwortliche That eine Kritik zu schreiben, zumal das Publicum sich vermöge einer unbegreiflichen Stupidität gewöhnt hat, den Kritiker hoch über den Kritisirten zu stellen[2]). Der Urteile kann sich ein Kritiker ganz enthalten, da, wenn er seiner Aufgabe gewachsen ist, die angeführten Thatsachen sprechen werden. Statt dessen lieben es die unberufenen Recensenten, durch seichte Journalistenphrasen, recht allgemeine Urteile, die um so autoritativer ausgesprochen werden, je weniger zutreffend sie sind, durch Verschweigung des eigentlichen Inhalts und andere Mittel ihre Unkenntnis über die Stellung, welche das kritisirte Buch seinen Quellen und Vorgängern gegenüber einnimmt, zu verschleiern und suchen nach subjectiven Ein-

[1]) Überhaupt ist es fraglich, ob Kritiken eine wissenschaftliche Notwendigkeit sind oder nicht vielmehr Schopenhauer's Wort von der durch andere vorgekauten Speise hier am Platz ist und auf diesem Gebiete der Unfug, welcher nahezu Regel ist, durch die so seltenen klassischen Leistungen wirklich compensirt wird. Wenigstens aber sollten die Redactionen wissenschaftlicher Zeitschriften sich den Mann ansehen, dem sie ein orientalistisches Buch zur Besprechung anvertrauen und es nicht dem ersten besten orientalistischen A-B-C-Schützen hinwerfen, der gerade des Weges trollt.

[2]) Kritisire ich heute Herrn X, so gelte ich heute für competenter als er, kritisirt er morgen eine Arbeit von mir, so gilt er morgen für competenter als ich — auch ein Beitrag zur Geschichte der menschlichen Narrheit!

drücken für oder meistens gegen dasselbe Stimmung zu machen.

Ein classisches Beispiel für dies Verfahren ist Herrn Dr. Liesegang's „Besprechung" meiner Inaugural-Dissertation[1]). Zunächst hätte er sich, wenn er wirklich mit wissenschaftlichem Ernst an diese Aufgabe gehen wollte, dem Publicum als in Arabicis vollkommen ungebildet vorstellen müssen. Warum weicht Herr Dr. Liesegang von diesem sonst üblichen Verfahren ab, das selbst Menadier halbwegs befolgt? Warum verschweigt er, dass er vom Arabischen keinen Buchstaben zu lesen vermag bei der Kritik eines Werkes, das auf arabischen Quellen fusst? Ich überlasse es Anderen hieraus die notwendigen Folgerungen zu ziehen!! — Da die ‚Besprechung' mit wissenschaftlichen Thatsachen garnicht operirt, verzichte ich auf die Widerlegung seiner Phraseologie, die noch überdies durch ihre Selbstgefälligkeit unangenehm berührt, und will nur zur Charakteristik hervorheben, dass Dr. Liesegang auf meine Frage, welches ‚die wesentlichsten Erscheinungen der handelsgeschichtlichen Literatur' wären, die mir nach seiner Behauptung fremd geblieben sind, mir nur Schiemann's Russland zu nennen wusste, das natürlich für meine Zwecke nichts enthält[2]), das Hauptwerk von Heyd schien ihm selbst aber bei unserer Unterredung völlig unbekannt, wenigstens hatte er von seiner Bedeutung keine Ahnung, da er es nicht unter die wesentlichsten Erscheinungen der handelsgeschichtlichen Literatur rechnet, womit er beweist, dass er als Handelsgeograph ebenso competent wie als Orientalist ist. Heyd's Buch war das einzige handelsgeographische Werk, das für meine Arbeit in Betracht kam; ich hatte es gewissenhaft durchgearbeitet. Für erstere Behauptung könnte ich die mithin competentesten Autoritäten anführen, wenn ich

---

[1]) Sybel's Histor. Zeitschr. 61. N. F. 25. Bd. 1889.

[2]) Vergl. jedoch S. 47 Anm. des vorliegenden Buches. Ebenso ist das von Schiemann S. 24 über die Entwickelung der appellativen Bedeutung des Völkernamens Slawen Gesagte falsch.

es für notwendig erachtete, meine Zuflucht zu Autoritäten zu nehmen. Vor allem ist mir aber gänzlich unklar, worauf sich der Hochmut, den Liesegang's Kritik zur Schau trägt, eigentlich gründet, da seine eigenen Versuche, trotzdem sie sich bisher nur auf dem kleinen Gebiet seiner engsten Heimatkunde bewegten, gänzlich Fiasko gemacht haben. Von allen Kritiken, die mir zu Gesicht gekommen sind, weiss auch nicht eine etwas Gutes an Liesegang zu rühmen, trotzdem er vielfach mit ersichtlicher Schonung behandelt wird. Auch Sohm (Die Entstehung des deutschen Städtewesens S. 93) hat ihm nicht im Text, wie es eigentlich das behandelte Thema verlangt, sondern nur in einer Anmerkung ein bescheidenes Grab gegraben. Georg von Below (Die Entstehung der deutschen Stadtgemeinde S. VIII/IX) sagt von E. Kruse: ‚Die Polemik gegen Liesegang und Höniger, welchen er als Nachtreter des „oberflächlichen" Ennen charakterisirt, ist nur zu sehr berechtigt'; das Resultat von Liesegang's Arbeit, das Below in einer Anm. S. 126 abthut, leitet er mit den Worten: — ‚man staune!' — ein. Ausserdem vermisst Liesegang, dass man in der Einleitung meiner Dissertation nicht sämmtliche arabische Münzfunde, die jemals in Europa gemacht worden sind, verzeichnet fände[1] und erklärte mir persönlich, als ich ihm die Naivetät dieser Forderung klar zu machen suchte, dass hinsichtlich dieses Gedankens Herr Dr. Menadier ihn persönlich beraten habe. Als Germanist hätte er bedenken sollen: ‚Dû solt ouch niht tuon als jener, daz ein sieche den andern frâge umb erzenîe, wande er spâte gesund werden mag swer den siechen arzât frâget umbe gesuntheit.' Über die „Münz-Belustigungen" des Herrn Menadier vergl. S. 1. Anm. 3.

Ich unterdrücke vieles, was über die beiden genannten

[1]) Mit demselben Atemzuge wirft er mir allerdings gleichzeitig in dem Ausdruck „alle möglichen Münzfunde" die grosse Zahl der von mir erwähnten Münzfunde vor. Zum Ausdruck „alle möglichen" bemerke ich, dass ich nur kufische der von mir behandelten Handelsperiode angehörige Münzfunde in systematischer Ordnung nenne, was L. garnicht begriffen hat.

Herren noch zu sagen wäre, da Kenner, an deren Beifall mir allein gelegen ist, auch ohne dies die Spreu vom Weizen werden zu unterscheiden wissen, um noch einige Worte für den dritten Muftî, Herrn K. E. H. Krause zu erübrigen. Seinen Unwillen hat zunächst der Umstand erregt, dass ich ebenso wie Lissauer Wattenbach's Ibrâhîm ibn Ja'qûb nicht gekannt zu haben scheine[1]). Ich citire Ibrâhîm ibn Ja'qûb, so oft er für den nordisch-baltischen Handel Belangreiches bietet (ebenso Lissauer), allerdings nicht nach der deutschen Paraphrase von de Goeje's holländischer Übersetzung, welche Krause stolz als Wattenbach's bezeichnet, sondern nach dem Original und zwar wol ein Dutzend Mal. Zum Überfluss nenne ich aber in meiner Dissertation auch jene NB nicht nach dem Original angefertigte Übersetzung ausdrücklich (lies z. B. S. 74), besass sie sogar, obwohl ich ihre Kenntnis ohne Schaden hätte entbehren können, da sie wissenschaftlich ein Machwerk aus zweiter Hand, nicht nur wertlos, sondern gefährlich ist[2]). Welches Verdienst Wattenbach am Ibrâhîm ibn Ja'qûb gebührt, ist unklar: er hat ihn weder

---

[1]) S. Jastrow's Jahresberichte X 1887.

[2]) Selbst die historischen Anmerkungen sind dürftig und wenig zuverlässig. So erfahren wir S. 143, dass das „grosse Land" Italien sei. Es war mir neu, dass die Pyrenäen, welche nach Abulfedâ (K. teqwîm albuldân. Textausg. S. 169) Spanien von dem grossen Lande trennen, ein italienisches Grenzgebirge sind. Vergl. auch Maqqarî Leid. Ausg. I S. 92 und Abulfedâ a. a. O. S. 165. — S. 140 beeilt sich der Übersetzer durch eine höchst überflüssige Anm. (5) darzuthun, dass er den Flussnamen نودة (für بودة) nicht verstand, obwohl dieser doch als Nebenfluss der Saale bezeichnet wird und bei der Vorliebe, welche die sächsischen Kaiser für ihren heimischen Harz hatten (die noch nach Heine's trefflicher Bemerkung in der Sage von der Prinzessin Ilse nachklingt), die Beziehung nahe genug lag. — Sehr kühn ist ferner die Behauptung S. 144 Anm. 2, S. 139 Anm. 6, dass Ibrâhîm ibn Ja'qûb die Ungarn Türken nenne, da jene sonst unter ganz andern Namen bei den arab. Geographen vorkommen, vergl. Ibn Rosteh, Qazwînî II S. 411. Die Auffassung, dass er sie unter die Turk subsumirt, schliesst S. 144 Anm. 2 aus. De Goeje bekommt dafür, dass er das Richtige hat, was der „Übersetzer" nicht verstand, einen versteckten Hieb.

entdeckt, noch herausgegeben, noch seine Erklärung gefördert. Recensent hätte ihn Schefer's, de Goeje's, Kunik's, Rosen's Ibrâhîm ibn Ja'qûb nennen können, nicht aber Wattenbach's. Wattenbach selbst wird vermutlich Herrn Krause wenig Dank wissen, seinen Ruhm in dieser Weise erhöhen zu wollen; er bedarf dessen nicht. Niemand würde mich tadeln können, wenn ich Herrn Krause entweder Liederlichkeit oder Gewissenlosigkeit in wissenschaftlicher Hinsicht vorwerfen würde, da er mein Buch verdammte, ohne es gelesen, ja ohne es durchblättert zu haben; denn hätte er nur letzteres gethan, so hätten ihm die vielfachen Erwähnungen des Ibrâhîm ibn Ja'qûb[1]) unmöglich entgehen können. In der Folge hält mir Herr Krause die Übersetzung von „Baḥr el-Wareng̊" durch „Meer des Waräger" gleichsam als freventliche Flüchtigkeit vor; baḥr bedeutet — man staune! — nach Krause's arabischen Forschungen nämlich nicht „Meer" sondern „Fluss" (!!)[2]) „Über Pelzwaaren", fährt er fort, „und Pelztiere herrscht grosse Unsicherheit". Wo? Offenbar liegt hier die Objectivirung einer subjectiven Erscheinung vor; denn kein Grieche, kein Abendländer hat annähernd so vortreffliche Nachrichten über diesen Gegenstand, wie wir sie den Arabern hierüber verdanken. Über sie, die wichtigsten Quellen für die Geschichte des Mittelalters, vermag allerdings der Historiker Krause nur durch Sachkenntnis nicht weiter getrübte Urteile zu fällen. Anstatt die Lücken seines eigenen Wissens gewissenhaft auszufüllen, verordnet er mir die Lectüre von „Wattenbach's Abraham Jakobsen", den ich vermutlich besser als er gekannt habe, eine Arbeit, in der man S. 140 zu dem Nebenfluss der Saale Bûde[3]) die unglaubliche

[1]) Die Abgeschmacktheit der von Wattenbach gemünzten Namensform Abraham Jakobsen mögen sich Occidentalisten an Analogiebildungen, etwa aus griechischen Namen, zum Bewusstsein bringen.

[2]) Er hat sich wahrscheinlich durch die Namen Baḥr al-abjaḍ und Baḥr al-azraq irre leiten lassen, was allerdings eine bedauerliche Ignoranz zur Voraussetzung haben würde. Möge er sich von einem Gymnasiasten über seinen Irrtum aufklären lassen.

[3]) Ich möchte jedem Occidentalisten, der etwa als Rächer der gefal-

Anmerkung findet: „Bei Naumburg fällt die Unstrut in die Saale“, deren Verfasser also an eine Identification von Bûde mit Unstrut dachte (!). Zu der Äusserung Krauses „den Bernstein behandelt er mehr nebensächlich“ wolle man meine Arbeit in der Zeitschrift der Deutschen Morgenländ. Gesellschaft. Band 43 S. 353 — 387 vergleichen. Übrigens lag meine nach Krause's gewichtigem Urteil „wenig zuverlässige“ Arbeit als Dissertation der Leipziger Facultät, die wol mehr als die Herren Liesegang, Menadier, Krause davon versteht, und vor allem dem grössten und exactesten Kenner auf diesem Gebiete, Herrn Geheimrat Fleischer, zur Begutachtung vor, die sie auf das Günstigste beurteilt haben, wie man aus den Akten ersehen mag. Gerade auf Veranlassung des letzteren habe ich damals schon die ganze Arbeit in dieser Form in Druck gegeben, was ursprünglich nicht meine Absicht war. Seine Briefe oder die anderer Sachverständiger würde ich vielleicht abdrucken lassen, wenn ich von Fachmännern angegriffen wäre. Hier aber steht des verehrten Meisters Autorität nur die eines Liesegang, Menadier etc. gegenüber. Gewiss würde jeder einen Gymnasiasten, der, nachdem er notdürftig die griechischen Buchstaben nachmalen gelernt hat, wissenschaftliche Werke über griechische Kulturgeschichte abfällig befindet, sehr scharf zurechtweisen. Auf diesem Standpunkt des Wissens sind aber die genannten Herren auf arabischem Gebiet noch nicht einmal angelangt. — Die Kulturgeschichte des Mittelalters ist die im hohen Schlosse schlummernde Götterjungfrau, um welche allenthalben die Waberlohe morgenländischen Schrifttums flammt. Wer den Mut nicht hat hindurchzureiten, thue sich wenigstens nicht draussen als Pseudoprophet oder „Spindelmann“ auf und schwatze nicht von den Hallen des Zauberschlosses, deren Herrlichkeit sein blödes Auge niemals schaut. Selbstredend bin ich den Arbeiten, die ich als Student verfasste, jetzt teilweise entwachsen. Natürlich werden Männer, denen

---

lenen Kämpen wider mich aufzutreten gedenkt, dringend raten, sich vorher über die Elemente arabischer Textkritik von Kundigen belehren zu lassen.

das Glück eines jahrelangen Aufenthaltes im Orient zu Teil geworden ist und solche, die mehr orientalische Texte gelesen haben als ich, oder gar solche, die beide Vorzüge vereinen, auch an meinen jetzigen Ausstellungen zu machen finden! Aber kein Liesegang-Krause-Menadier werden es nach menschlicher Berechnung je dazu bringen, über meine Arbeiten ein selbstständiges Urteil zu gewinnen; alles, was sie auf diesem Gebiete schreiben, drucken, reden, muss, da ihnen jegliche arabistische Vorbildung abgeht, notwendig Maculatur sein. Ich sage das ohne Selbstüberhebung, weil es dem wahren Sachverhalt entspricht; alle, die mich kennen, werden mir, wie ich glaube, das Zeugnis ausstellen, dass Unbescheidenheit nicht mein Fehler ist.

Beilagen.

I.

Interessant ist, dass zum nordischen Walfischfang verwendete Harpunen aus Âdherbeiǵân bezogen wurden. Abû Ḥâmid Bl. 54, wozu man Qazwînî II 418 vergleiche, lässt darüber keinen Zweifel. Da der Anfang der ersten Stelle auch Einiges auf den Import Bezügliche enthält, so teile ich diesen nach der Gothaer Handschrift A. 1501 in Übersetzung mit:

„Die Kaufleute gehen von Bulǵâr nach einem Land der Ungläubigen, das Îsû genannt wird, von wo der Biber kommt. Sie bringen Schwerter dahin, welche sie in Âdherbeiǵân erstehen, Klingen unpolirt. Man kauft in Âdherbeiǵân 4 für einen Dînâr. Man begiesst dieselben häufig mit Wasser, so dass, wenn man die Klinge an einen Faden hängt und dagegen schlägt, sie ertönt . . . Und das ist es, was ihnen convenirt.

Sie kaufen für jene Klingen Biber. Die Bewohner von Îsû gehen nun mit diesen Schwertern nach einem der Finsternis nahen Land, liegend am dunkeln Meer البحر الاسود und verkaufen diese Schwerter um Zobelfelle. Die nun nehmen von diesen Klingen und werfen[1]) sie ins dunkle Meer. Dann lässt Allâh für sie einen Fisch herauskommen . . ."

II.

Zu Ihrer Übersetzung von Muwaššâ (ed. Brünnow) S. 127 l. 17—23 in ZDMG. Bd. 43. S. 360 möchte ich Ihnen die folgenden Bemerkungen machen.

Die Bedeutung „verbergen", in der خمّر allerdings ebenfalls vorkommt (Div. Hud. 106, 7; Ibn Dor. kit-al-ištiḳ. 21, 7), passt l. 18 augenscheinlich nicht. Nun geben aber die arabischen Lexica noch andere Bedeutungen für dieses Verbum. Lisân al'Arab s. v. خمر: الخمرة والخميرة التى تجعل فى الطين وخمر العجين والطيب ونحوهما يخمره فهو خمير وخمّره ترك استعماله حتى يجود وقيل جعل فيه الخمير

Darnach würde das Wort bezeichnen: „Zu Teig oder Parfum Hefe (Gährungsstoff) zusetzen"; die erste Erklärung (ترك استعماله آلخ) bedeutet wohl: „einen Stoff so lange im خمير liegen lassen, bis er gut ist" (ihn also während dieser Zeit nicht gebrauchen). — Nach Anderen aber ist خمرة النبيذ والطيب ما يجعل فيه من الخمر والدرديّ „der an Dattelwein oder Parfum gegebene Zusatz von Wein und Hefen". — Jedenfalls wird mit خمّر ein Verfahren bezeichnet, nach welchem die Gewürznelken wie andere Parfums behandelt werden. Ob wirklich ein Ansetzen in Wein stattfand, vermag ich nicht zu entscheiden.

Die Verbindung القرنفل المخمّر findet sich übrigens noch

---

[1]) Die Handschrift hat فيعلقونها irrtümlich durch das Vorhergehende beeinflusst.

an einer andern Stelle im Muwaššâ S. 125. l. 23. (Beiläufig bemerkt, geben diese Stellen Belege dafür, dass die L. A. الطيب Lane 808. l. 5 v. u. volle Berechtigung hat).

Den Text der Worte واتّخاذ السبج اللطاف من المخروطة الخفاف haben Sie nicht ganz richtig verstanden. Das ist allerdings nur zum Theile Ihre Schuld, weil Sie sich an Brünnows sonst durchaus verlässlichen Text gehalten haben. Mir war gleich auffallend, dass ein so eleganter Schriftsteller wie der Verfasser des Muwaššâ die سبج zweimal ohne Noth unmittelbar hintereinander aufführen sollte. Schon aus diesem Grunde vermuthete ich einen Fehler und habe dann auf Grund der Bemerkung im kritischen Apparat p. XIX l. 4 v. u. „Ms. السُّبّج" die Änderung السُّبَح (für das erste السبج) vorgenommen (Plur. von سبحة „Rosenkranz"). Prof. Houtsma hat mir dann auf meine Anfrage unter dem 29/11. 89 mitgetheilt, dass der Leidener Codex an der ersten Stelle السُّبَح (mit Vocal) an der zweiten deutlich السبج hat. Zu übersetzen ist also: „und das Anlegen von feinen Rosenkränzen aus polierten (so ist hier مخروطة zu fassen) leichten (Steinen) wie (l. مثل für ومثل) schwarzen سبج. —

Das folgende كوهر muss einen bestimmten Edelstein bezeichnen, da ja Edelstein schlechthin arabisch جوهر heisst und unser Autor das Wort unmittelbar nachher auch so gebraucht. In unseren arabischen Lexicis fehlt diese noch mehr persische Form des Wortes. — كرك, das Sie mit Fragezeichen durch „Rhinoceroshorn" wiedergeben, findet seine Erklärung durch Ḳazwînî (ed. Wüstenfeld) I. 234. „ein weisser Stein, der poliert dem Elfenbein gleicht". Ob hier eine Anlehnung an كركدّن vorliegt, kann ich nicht entscheiden. — An einen Zusammenhang mit καρχηδόνιος jüd. כרכדן syr. *karchedânâ* ist nicht zu denken.

الحبّ الاحمر könnte vielleicht ein gesuchter Ausdruck für „Coralle" sein, die sonst wohl gern mit مرجان bezeichnet wird.

Breslau, 24. II. 91. Siegmund Fraenkel.

III.

Für die in meiner Arbeit „Ein arabischer Berichterstatter aus dem 10. od. 11. Jahrhundert über Fulda, Schleswig, Soest, Paderborn etc.“ aufgestellte Hypothese, dass der von Qazwînî mehrfach genannte Ṭarṭûschî Gesandter am Hofe Otto I. und Reisebegleiter des bekannten Ibrâhîm ibn Ja'qûb war, glaube ich die Bestätigung in folgenden Parallelberichten gefunden zu haben, die man mit dem in meiner Broschüre Gesagten vergleiche:

Qazwînî II. 408: „Die Stadt der Frauen[1]) مدينة النساء eine grosse Stadt mit weitem Territorium auf einer Insel im westlichen Meer. Ṭarṭûschî sagt: Ihre Bewohner sind Frauen über welche die Männer keine Macht haben. Sie betreiben die Reitkunst und nehmen den Krieg selbst in die Hand. Sie besitzen grosse Tapferkeit beim Zusammenstoss. Auch haben sie Sklaven. Jeder Sklave begiebt sich in der Nacht zu seiner Herrin, bleibt bei ihr die Nacht hindurch, erhebt sich mit dem Morgengrauen und geht heimlich bei Tagesanbruch hinaus. Wenn eine von ihnen dann einen Knaben gebiert, tötet sie ihn auf der Stelle, wenn sie aber ein Mädchen gebiert, lässt sie es leben. Ṭarṭûschî sagt: Die Stadt der Frauen ist eine Thatsache, an der man nicht zweifeln darf.“

Ibrâhîm ibn Ja'qûb (Bekrî ed. Kunik & Rosen) S. 37: „Im Westen von den Rûs liegt die Stadt der Frauen مدينة النساء Sie besitzen Äcker und Sklaven und werden von ihren Dienern schwanger, und wenn das Weib einen Knaben gebiert, tötet sie ihn. Sie betreiben die Reitkunst und nehmen den Krieg selbst in die Hand. Sie besitzen Mut und Tapferkeit. Der Jude Ibrâhîm ibn Ja'qûb sagt: Der Bericht von dieser Stadt ist wahr; Otto هوتة der römische König hat mir davon erzählt.[2])“

---

[1]) vergl. Qazwînî II S. 21.

[2]) De Goeje weist (een belangrijk arabisch bericht etc., Verslagen en mededeelingen der koninklijke akademie van wetenschappen II. 9. 1880

Qazwînî II 415:

„Mieszko مشقة ist eine geräumige Stadt im Slawenlande am Ufer des Meeres im Dickicht, durch das Heere nicht durchzudringen vermögen. Der Name ihres Königs ist Mieszko [1]), nach ihm wurde sie benannt. Sie ist eine Stadt reich an Getreide, Honig, Fleisch und Fisch. Ihr König hat Heere aus Fusstruppen bestehend, denn Pferde können in ihrem Lande nicht gehen. Auch hat er Steuern in seinem Königreich, um seinen Heeren monatlich ihren Lebensunterhalt zu geben, und im Bedürfnisfall giebt er ihnen Rosse, Sättel, Zäume, Waffen und alles, was sie bedürfen. Wenn Jemand geboren wird, sei es ein Knabe oder Mädchen, so zahlt ihm der König seinen Lebensunterhalt aus. Wenn nun das Kind mannbar geworden ist, so verheiratet er es, wenn es männlich ist, und nimmt von seinem Vater die Morgengabe und händigt sie dem Vater der Frau ein, und die Morgengabe ist bei ihnen hoch. Bekommt also ein Mann 2 oder 3 Töchter, so wird er reich, bekommt er aber 2 oder 3 Söhne, so wird er arm. Die Verheiratung erfolgt nach dem Gutdünken des Königs, nicht aus freier Wahl, und der König leistet Bürgschaft für ihren ganzen Proviant und die Kosten der Hochzeit liegen ihm ob. Er ist wie ein zärtlich besorgter Vater zu seinen Untertanen. Die Eifersucht auf ihre Frauen ist gross im Gegensatz zu den übrigen Türken."

Den Bericht des Ibrâhîm ibn Ja'qûb über das Land des Mieszko, welcher sich sehr eng an den vorstehenden, zweifellos auf Ṭarṭûschî zurückgehenden, anschliesst und teilweise sogar mit ihm deckt, findet man in der Ausg. v. Kunik & Rosen S. 36, in holländischer Uebersetzung bei de Goeje a. a. O. S. 201 ff.

S. 204) darauf hin, dass das Märchen Otto dem Grossen durch seine Gemahlin, eine Grosstochter Alfred des Grossen, übermittelt sein könnte.

[1]) Mieszko I von Polen (--992).

Anmerkungen.

S. 4. Maqdesî um 985 D.; Khârezm das heutige Khîwa.

S. 10. سَقْلَبَة hiess nach dem von Schiaparelli unter dem Titel Vocabulista etc. edirten Glossar (S. 118), das in der zweiten Hälfte des 13. Jahrhunderts in Spanien verfasst wurde, eunuchizare vergl. auch S. 371.

S. 11. Es ist der bekannte Nâṣir-i-Khusrô († 481 H.), der Verfasser des Sefernâmeh, Rôschĕnâînâmeh etc., über den von Ethé u. a. mehrere Arbeiten vorliegen. — Im türkischen Druck des Behâristân von 1285 H. findet man die Verse S. ٧٨.

S. 12. Über die reiche Beute an schönen Mädchen und Sklaven, die Têmûr lanğ (sic!) im Kipčak machte s. Aug. Müller, Islam II S. 296.

S. 14. Der Dîwân Akhṭal's wird augenblicklich von den Jesuiten in Beirût gedruckt. — Auch nach chinesischen Berichten haben die Kipčaken blaue Augen und rotes Haar s. Bretschneider, Mediaeval Researches from Eastern Asiatic sources. Vol. II S. 72. — Da der blonde Typus im Abnehmen begriffen zu sein scheint, mag er in früheren Jahrhunderten unter den Slawen noch viel verbreiteter gewesen sein als heute. Die Abnahme ist übrigens darauf zurückzuführen, dass ein Volk von dunkeler Haar- und Augenfarbe sich mit einem blondhaarigen blauäugigen zu neuen Nationen vermischt hat, ersteres aber einen schwierigeren Kampf ums Dasein hinter sich hatte als letzteres und nun als das widerstandsfähigere dieses allmählich absorbirt. Nur so erklärt sich die verschiedenartige Charakteranlage, welche wir bei den beiden Typen vorauszusetzen gewohnt sind, nur so die z. B. von Ed. von Hartmann richtig beobachtete, aber unzureichend erklärte Thatsache des geschlechtlichen Kreuzungstriebes zwischen blondem und dunkelm Typus.

S. 20. Niẓâmî starb 1202 D., das Todesjahr wird meist falsch angegeben, vergl. aber Bacher, Niẓâmî's Leben und Werke S. 6.

S. 21/22. Über die Saqsin vergl. auch Hammer-Purgstall, Geschichte der goldenen Horde in Russland. Pesth 1840 S. 9, 89, 99, Dorn's Caspia S. 20. 23, Bretschneider, Mediaeval Researches S. 305. Qazwînî hat II 354 Zeile 19 auch Sakhsîn.

S. 28. Auch nach Ibn al-Faqîh 255, 329 Qazwînî II 348 kommt der fenek bei den Türken vor.

S. 33 34. سمور سيه scheint nach Vullers, Lex. Pers.-Lat. S. 324 eine auch sonst vorkommende Bezeichnung der Nacht zu sein.

S. 38. Vergl. auch über qâqum Sa'dî's Manẓûmât ed. Bacher S. 146. — Qazwînî II 348 nennt es in Turkestân.

S. 40. Über einen muhammedanischen Kaufmann, Namens Ḥasan, der 1203 nach dem Baldjuna See im Norden der Mongolei kam, um für 1000 Schaafe und ein weisses Kameel Zobel und Eichhornpelze einzutauschen s. Bretschneider, Mediaeval Researches I 269.

S. 41. Menôčehrî sagt ed. Biberstein-Kazimirski S. 10:

سپیده دَم از بیم سرمای سخت

بپوشید بر کوه سنجابها

„Das Morgengrauen zog aus Furcht vor der strengen Kälte auf den Bergen Vehpelze an".
Auch hieraus geht hervor, dass der singâb grau war.

S. 48. Kher-gôsch eigentl. Eselsohr, eine Bezeichnung, die auf den orientalischen Hasen besonders passt, vergl. die Abbildung bei Blanford, Eastern Persia. Vol. II Zoology and Geology. London 1876. S. 80.

S. 49. Ebenso nennt Qazwînî II 348 weisse Hasen in Turkestân.

S. 52. Auch der Sâmânidendichter Abulmathal aus Bukhârâ erwähnt den weissen Falken باز سپید s. Ethé, Rûdagî's Vorläufer und Zeitgenossen S. 51. Morgenländ. Forsch. Vergl. auch den Namen des bekannten Türken Âq [weiss] sonqor.

S. 58. Über ختو vergl. Ibn al-Faqîh S. 329 und das von de Goeje darüber Gesagte, sowie Bretschneider, Mediaeval

Researches from Eastern Asiatic sources. Vol. I. London 1888 S. 153 über gu-du-si.

S. 60. خلنج Ausfuhrartikel aus Tiflîs nach Qazwînî II 349. Vergl. ferner Ibn al-Faqih S. 297.

S. 62. Haselnüsse in Qumm Qazwînî II 297, in Berdha'a ebendas. II 344.

S. 63. Nâṣir-i-Khusrô sagt in einer Hymne vom Herbst:

شده چون کهربا یکسر زمرّدهای بستانی

„Es wurden wie Bernstein sämmtliche Smaragden des Gartens"

Doch haben wir unter dem in demselben Gedicht bald darauf genannten بیجاد بدخشانی nicht Bernstein zu verstehen, wie Ethé (Nachrichten d. Göttinger Ges. d. Wissensch. stehen 1882 S. 151) gethan hat, sondern Rubin vergl. Jâqût I 529 & Ritter's geogr.-stat. Lex. Art. Badachschan. Dagegen scheint das Wort bei Firdausî, Ǵemschêd 208 b (ed. Vullers I 34) wirklich Bernstein zu bedeuten.

S. 68. Zu نُشّاب Holzpfeile vergl. Schwarzlose, Waffen der alten Araber. S. 280. Über Panzer vergl. auch Qazwînî II 399/400, 405.

Druckfehler.

S. 18	Zeile 4 v. o.	Statt Abû Hâmid lies Abû Ḥâmid.
S. 21	„ 13 v. o.	„ قیاقم lies قاقم
S.	„ letzte Zeile.	„ Garnâṭî lies Ġarnâṭî.
S. 22	Zeile 7 v. u.	„ وعلمها lies وعملها
S. 41	„ 13 v. o.	„ Sinâb lies Singâb.
S. 47	„ 21 v. o.	„ Gâlib lies Ġâlib.

Die Waaren

beim

arabisch - nordischen Verkehr

im

Mittelalter.

Supplementheft zur zweiten Auflage von

„Welche Handelsartikel
bezogen die Araber des Mittelalters aus den
nordisch - baltischen Ländern?“

von

Dr. Georg Jacob.

BERLIN.
Mayer & Müller
1891.

Vorwort.

In meiner Arbeit „Welche Handelsartikel etc." (2. Aufl. Berlin, Mayer & Müller. 1891) habe ich nur e i n e Seite des grossartigen Handelsverkehrs, welcher im frühen Mittelalter das Reich der Khalîfen und namentlich die iranischen Ostländer desselben nnter der Herrschaft der hochverdienten Sâmâniden mit dem Norden verband, auf seine bewegende Kraft hin, die Waaren, untersuchen können. Naturgemäss schliesst sich jetzt derselben als Gegenstück zunächst die Behandlung des gleichzeitigen Imports in diese Gegenden an, womit meine Inaugural-Dissertation „Der nordisch-baltische Handel der Araber. Leipzig, 1887" von S. 125 an antiquirt ist. Ein weiterer Zweck dieses Supplementheftes ist die Veröffentlichung neuer Collectanea aus orientalischen Quellen, welche die nordische Einfuhr nach den arabisch-persichen Ländern betreffen. Nachträge und Verbesserungen rühren allein von mir her, wenn nicht das Gegentheil ausdrücklich bemerkt ist.

Zoppot, Juni 1891.

Dr. Georg Jacob.

A. Die nordische Einfuhr nach den arabisch-persischen Ländern.

(Die Seitenzahlen links beziehen sich auf meine im Titel genannte Arbeit.)

S. 1. Montelius, Die Kultur Schwedens in vorchristlicher Zeit übers. v. Carl Appel. Berlin 1885. S. 178: „Man kennt jetzt mehr als 20000 in schwedischer Erde angetroffene arabische Silbermünzen; die meisten von ihnen sind im neunten und zehnten Jahrhundert geprägt."

S. 4. Maqdisî widmet den Landesprodukten und Handelsartikeln bei den einzelnen Ländern besondere Abschnitte. In dem Text der mitgetheilten Stelle ist, wie aus der Uebersetzung hervorgeht, وبربوست ausgefallen. Diese Ziegenfelle kamen namentlich auch aus Ṭerâz (nach Bretschneider, Med. Res. I, 228 Anm. 585 bei Aulie-Ata), s. Maqdisî S. 325, Zeile 16. Die Präposition „min" bezeichnet in der mitgetheilten Stelle den lokalen Ausgangspunkt; die Interpretation „in der Richtung von" ist unzulässig; das wäre im Arabischen anders wiedergegeben worden; allerdings scheint hier die Information Maqdisî's etwas unvollkommen gewesen zu sein: von einzelnen Waaren, so von Fischleim, ist es nicht wahrscheinlich, dass sie bis von Bulgâr herabkamen. — Von den Formen Maqdisî und Muqaddasî scheint erstere die gebräuchlichere zu sein.

S. 9. Eine Parallelstelle zu Iṣṭakhri 45 findet sich Qazwîni II 338. 354/5

S. 10. Ibn Ḥauqal 70 stammt aus Iṣṭakhrî 305.

Turk findet man bei persischen Dichtern häufig geradezu in der Bedeutung „Liebchen", so in den bekannten Versen des Ḥâfiẓ, (ed Brockhaus I S. 43) welche Têmûr's Unwillen erregten:

اگر آن ترک شیرازی بدست آرد دل مارا
بخال هندویش بخشم سمرقند وبخارارا

Qazwînî nennt II 348 schöne Sklaven in Turkistân und S. 353 nach Zamakhscherî in Khârezm. Über türkische und romäische Sklaven, die das Romäerland exportirt s. gleichfalls Qazwînî S. 356.

S. 11, Zeile 9 ist „Spanien“ Druckfehler für „Syrien“. Aqûr ist Mesopotamien (de Goeje), vergl. Maqdisî 136.

S. 12. Das dem Naṣîr-ed-Dîn Ṭûsî (+ 1273/4 D.) zugeschriebene Manuscript der Wiener Hofbibliothek, Flügel's Cat. II, No. 1271, S. 424|5 (G. Melgunof, Das südl. Ufer des kasp. Meeres S. 293) erzählt von den weissen Khazaren, dass sie ihre eigenen Kinder verkauften, doch thäten Juden und Christen dies nicht. Jâqût sagt II S. 438, dass nur die heidnischen Khazaren dies thäten. Vergl. auch Friedr. Bodenstedt, Tausend und ein Tag im Orient. Fortsetzung und Schluss. Berlin 1850. S. 19—30.

S. 14. Auch die Bewohner von Rûm sind nach Qazwînî II 357 meist blond.

S. 16. Die mir von sprachwissenschaftlicher Seite wiederholt mitgetheilten Bedenken gegen eine Ableitung von „Sklav“ aus „Ṣaqlab“ kann ich nicht theilen. Die Schwierigkeit kann nur 1) in dem Wechsel des Tones 2) in der Unterdrückung des ersten Vokals gesucht werden. Ersterer Einwand wird jedoch dadurch hinfällig, dass im Arab. selbst, wie ich auch S. 15 gezeigt habe, bereits die Form Ṣiqlâb vorkommt, vergl. Jâqût III 405, Qazwînî I 182, II 413; Naṣîr-ed-Dîn Ṭûsî bei Melgunof a. a. O. S. 295: Siqlâb. Bei dem zweiten Einwand ist in Betracht zu ziehen, dass die Sprache der spanischen Araber vielfach bereits dem heute in Marokko gesprochenen Arabisch nahe stand. Dass dies auch hinsichtlich der Vokal-Unterdrückung wenigstens dialektisch der Fall war, geht trotz Petrus Hispanus aus Beispielen wie طْرَف الغار T'rafalgar hervor.

S. 17. Anm. 1 „dasselbe“ Druckfehler für „derselbe“.

S. 19. Herr Consul Mordtmann teilte mir in Erwiderung meiner Zusendung aus Salonik mit: „Bis zur Reform des Sultan Mahmud hatte der Pelzhandel eine grosse Bedeutung für den Orient und ich glaube, dass die türkischen Historiker hierüber mancherlei merkwürdige Notizen enthalten. Auch heute trägt man hier trotz des milden Klimas mehr Pelz als bei uns: vergessen Sie nicht, dass es im Orient keine Öfen und in manchen Gegenden gar kein oder nur wenig Brennmaterialien giebt." — Im Allgemeinen vergl. zu dem Abschnitt über Pelzhandel auch: Ludwig Stieda, Über die Namen der Pelztiere und die Bezeichnungen der Pelzwerksorten zur Hansa-Zeit. Altpreuss. Monatsschrift, 24. Bd. 1887, S. 617 ff.

S. 25. Zeile 4: Qazwînî II, S. 357.

S. 25. Zeile 17: Qazwînî II, S. 348 wird Schwarzfuchs als Artikel Turkistâns genannt.

S. 27, unten. Fuchshäute aus Walwâliġ, Maqdisî S. 324, Zeile 15.

S. 29. Zu Zeile 11 ff vergleiche Iṣṭakhrî S. 305, Ibn Ḥauqal S. 70.

S. 31. Füchse und semmûr nach Maqdisî 396, Zeile 3 aus Hamadhân; semmûr nach Qazwînî II 348 aus Turkistân.

S. 32. Maqdisî 239, Zeile 16/17: „In Tudela giebt es viel semmûr."

In der Übersetzung aus Maqqarî lies statt „Unterscheidungsvermögen" lieber „Verstand". Der Biber soll nämlich den Jägern nach arabischer Meinung, indem er sich auf den Rücken wirft, bisweilen zeigen, dass seine Hode bereits früher abgeschnitten ist. — Vergl. ferner Yates, Textrinum antiquorum. London 1843, S. 145—148 (Beavers-wool).

S. 35, unten, G. Melgunof, Das südl. Ufer des kasp. Meeres. Leipzig 1868 S. 226: „Dalä Marder (mustela)" bestätigt unsere Ansicht, da er offenbar aus dem Volksmund schöpfte. Vergl. auch Ibn al- Faqîh 313

S. 36 Zeile 15. Für „mustela martes" lies „mustela foina"

S. 38. Für تغزغز liest man jetzt: تُغُزْغُر s. de Goeje in Verslagen en mededeelingen der koninkl. akademie van wetenschappen. Afdeeling Letterkunde. 3 Reeks. 5 Deel 1888 S. 122; Ogȗr schon bei Theophylactus (7. Jhd.) VII. 7. 13. S. auch Reinaud, Introduction générale à la géographie des orientaux (Géogr. d'Aboulféda Tome I) S. 360—365; Bretschneider, Mediaeval Researches I S. 252.

S. 39. Eichhörnchen und Zobel waren nach chinesischen

Quellen am oberen Jenissei in Menge vorhanden s. Bretschneider, Med. Res. I S. 101/2.

S. 40. Zeile 5. Von Herrn Prof. Nöldeke und Dr. Andreas werde ich darauf aufmerksam gemacht, dass singâb doch als die ursprüngliche Form zu betrachten sei.

S. 41. Anm. 3. Über sciurus syriacus s. Tristram, The Fauna and Flora of Palestine. (Survey of Western Palestine) S. 15.

S. 43. Herr Professor Röhricht macht auch darauf aufmerksam, dass König Otakar von Böhmen eine Gesandtschaft an den Mamlûkensulṭân Bîbars sandte, die ihm Biberfelle brachte, um dafür Heiligenknochen zu erbitten s. Dudík, Mährens allgem. Geschichte VI. Bd. S. 157 Anm. 2.

S. Hildegardis Physica, die man überhaupt vergleiche, Migne's Patrologia latina. 197. Bd. Sp. 1329 De bibere: „Sed caro ejus sanis et infirmis hominibus ad esum bona est."

S. 44. Vergl. Qazwînî II 357, woselbst zu lesen ist: ومن الفراء القندر وكلب الماء والبرطاسى — Auch nach Qazwînî II 332 kommt kelb-el-mâ im Urmiasee vor. — Derselbe sagt ferner vom Urmiasee II 194 und 332: ولا سمك فيها! (Erstere Stelle steht allerdings im Widerspruch mit dem danach Erzählten). Somit irrt Iṣṭakhrî a. a. O., beziehungsweise die Lesart ist falsch. — Auch nach Tristram a. a. O. S. 23 bezeichnet كلب الماء (die arabischen Namen sind in dem sonst vortrefflichen Buche leider meist verdruckt) den Fischotter; desgleichen giebt Polak, Persien 1. Th. S. 188 an: Fischotter sekmâhi.

S. 46. Nach Iṣṭakhrî 305, Ibn Ḥauqal 355 gehört khezz zu den Pelzsorten. Dagegen Maqdisî 128: الم تسمع بخز البصرة

S. 47. Über qezz vergl. auch Fränkel, Aramäische Fremdwörter S. 42 دود القز Qazwînî I 434 und II 350.

S. 48. زاغ ist eigentlich das persische Wort für غراب; vergl. Qazwînî I 415.

S. 49. Unter den „bunten Hasen" Kaninchen zu verstehen ist aus tiergeographischen Gründen unstatthaft, wenn auch Kaninchenfelle relativ geschätzt sind.

Aus Schâsch (Taschkend) kommen nach Maqdisî 325

الكيمخت الرفيعة. De Goeje übersetzt in seiner Abhandlung „Das alte Bett des Oxus Amû Darja“ Leiden 1875 S. 108: „die Pferde- oder Eselshäute, die man khaimokht nennt“. Aus Schâsch kommen nach Maqdisî 325 Zeile 11 auch sonst Häute, die man aus den Ländern der Turk importirt und die gegerbt werden. Riemen und Sattlerwaaren kamen aus Samarqand, Maqdisî S. 325 Zeile 9.

S. 50. Graue Habichte nennt Qazwînî II 348 als Specialität Turkistâns; Jagd-Habichte und -Falken gehören nach Zamakhscherî bei Qazwînî II 353 zu den Specialitäten von Khârezm; Qazwînî meint hier übrigens nicht das von T. G. J. Juynboll und de Grave hrgb. geographische Wörterbuch Zamakscherî's. Habichte kamen nach Maqdisî 324 Zeile 2 aus Nesâ im nördlichen Khurâsân; der romäische Habicht wird Qazwînî II 118 genannt. Zur Anmerkung vergl. auch Polak, Persien 1. Th. S. 180 ff.

S. 52. Qazwînî II 372 Artikel: Lissabon II: „Dort sind Berge, in denen sich die Nester der echten Habichte befinden, die sonst nirgends vorkommen.“

S. 54 Anm. 6. Über die auch bei arabischen Dichtern häufig vorkommende Wildkuh Antilope bubalis vergl. Tristram a. a. O. S. 5.

S. 55. Dr. Andreas vermutet, dass صقر ein Lehnwort indogermanischer Abstammung (vergl. چرخ). Saṁskṛt čakra ist jedoch nicht in der Bedeutung „Falke“ zu belegen.

S. 58. Zu ختو das ich in den Anmerkungen mit chines. gu-du-si (Bretschneider, Med. Res. I S. 153) zusammengestellt habe, bemerke ich, das dieses das Horn einer grossen Schlange sein soll, Bretschneider aber auch an Rhinoceroshorn denkt, das in China schon früh verarbeitet wurde. Gu bedeutet im Chinesischen Knochen, si Rhinoceros, du soll stark bedeuten; doch scheint das Wort nicht ursprünglich chinesisch zu sein. Strahlenberg, Das Nord- und Östliche Teil von Europa und Asia sagt S. 373: „Horn, von Schwerd-Fischen. Findet man zu Zeiten bey der Mündung des Lena-Strohms und in Kamtschatki. Ich habe ein gewundenes, wie man sie in einigen Apotheken zuweilen hat, in Tobolski von

3 Ruszischen Ellen lang gesehen, so daher gebracht worden. Sonst hat man in Sibirien allerhand Sorten von Thier-Hörnern, woraus artige Arbeit gemacht wird. Die gefangenen Schweden haben dergleichen Tobacks-Hörner verfertiget, die fast so klar wie Glasz waren.“

In der dem Naṣir-ed-Din Ṭûsi zugeschriebenen ترجمة المسالك والممالك (Melgunof, Das südl. Ufer des Kasp. Meeres S. 292:) heisst es: „عسل وموم از ناحيت روس آنجا آرند„ Honig und Wachs bringt man aus der Gegend der Rûs dorthin“. — Auf Iṣṭakhri geht auch die Stelle desselben Autors, Melgunof S. 293 zurück, an welcher Pelzkleider (موبينه, nicht Wolle), Sklaven (?), Honig und Wachs als Transithandelsartikel der Khazaren genannt werden. — Als Igor im Jahre 945 mit den Romäern einen Vertrag schloss, schenkte er den Gesandten nach der dem Nestor zugeschriebenen Chronik (übers. v. Leger S. 41) Felle, Sklaven und Wachs. Im folgenden Jahre boten die slawischen Drewlianer (Derewa) der Olga als Tribut Honig und Felle an, ebendas. S. 46. — Über den besten Honig Spaniens vergl. Qazwini II 372/3. — Ein ungefährer Anhaltspunkt für den Preis lässt sich vielleicht aus Nâṣir-i-Khusrô, Sefernâmeh ed. Schefer S 7. des Textes, 22 der Übers. gewinnen.

S. 60. خلنج wird unter den Artikeln von Ǵorǵân auch Ja'qûbi, Kitâb al-buldân S. 54, Qazwini II 234 genannt. Vergl. ferner Qazwini II 193, für والخلج lies الخلنج. Herr Professor Nöldeke macht mich schliesslich noch auf Ǵawâliqi 60 aufmerksam.

S. 62. Haselnüsse als Ausfuhrartikel aus Samarqand, Maqdisi S. 325 Zeile 14. Haselnüsse kamen nach Qazwini I 165, II 339 auch auf dem Berge Scholair, dem Mulahacen (s. Géogr. d'Aboulféda trad. par Reinaud S. 253 Anm. 2), beziehungsweise der ganzen Sierra Nevada vor. Reich an Haselnüssen war nach Jâqût II S. 380 Zeile 10 und Qazwini II 241 auch das zu Dijâr Bekr gehörige Ḥizân. — Das Muwaschschâ empfiehlt S. 132 Zeile 10 unter den Leckereien, die Feinschmecker als Zukost beim Trinken essen, an erster Stelle: mamlûḥ al-bunduq Gesalzenes von Haselnüssen, vielleicht kandirte (?) Haselnüsse.

S. 63. Zu كاهوا vergl. ديوابج Maqdisi 325 Zeile 18.

S. 65. Für Blei und Zinn hat das Arabische und Persische viele Benennungen, deren Verhältnis zu einander noch nicht endgültig festgestellt ist. Reṣâṣ- (Blei-) Bergbau wurde in Spanien betrieben, Qazwînî II 338, das noch heute zu den bleireichen Ländern gehört, ferner in Ifrîqîja, Qazwînî II 100 Zeile 4, آنكى wurde nach Qazwînî II 362 bei Schâsch (Taschkend) gewonnen; أُسْرُب nach Mis'ar ibn Muhalhil bei Jâqût III 254 Zeile 10 Qazwînî II 267 Zeile 4 bei Schîz in Âdherbeiǵân; usrub ist nach Qazwînî I 208 eine schlechte Reṣâṣart, aber nicht Zinn, wie Ethé übersetzt. Naṣîr-ed-Dîn Ṭûsî (Melgunof a. a. O. S 294:) وسمور سیاه وارزیز وقلعی خیزد از ارثا, während sonst قلعی ein indischer Artikel ist s. z. B. Mis'ar ibn Muhalhil ed. Schloezer S. 18, Abulfedâ, Geogr. Texte arabe publ. par Reinaud & de Slane S. 375 übers. von Guyard S. 131/2 und Dozy Suppl. Über die Lage von Kalah vergl. Livre des merveilles de l'Inde ed. van der Lith & Devic. Leiden 1883—6 S. 255 ff. — S. ferner Fränkel a. a. O. S. 152/3.

S. 67. Nach der sogenannten Chronik des Nestor übers. v. Leger S. 12 erhielten die Khazaren von den Polianen am Dnjepr Tribut in zweischneidigen Schwertern, während sie selbt nur einschneidige hatten.

S. 68. نُشّب als Waffe türkischer Sklaven, die ihre aus Khârezm kommende Karawane überfallen s. Qazwînî II 345. — خدنك wird vielleicht auch Ibn al-Faqîh 329 für حدق zu lesen sein.

Vámbéry, Ursprung der Magyaren S. 64/65 hält qalansuwa oder, wie er wol mit Unrecht liest, qulansa für verwandt mit baschkirisch kulančik, auch kulansik, das eine übers Ohr (kulak) gehende warme Mütze bezeichnet: (Hunfalvy dachte an ostjakisch kalen=Renntier und sa, sau, su=Kutte, welches letztere Vámbéry mit einem Fragezeichen versieht).

S. 69. Qazwînî sagt I 127 von dem Tintenfisch (Sepia), dass er aussehe wie eine bulgarische Mütze كانّها قلنسوة بلغاريّة

S. 78. Fränkel, Aram. Fremdw. S. 58: حَبّ „Ohrring" ist einfach „Beere".

B. Die iranische[1]) Ausfuhr nach dem Norden.

Hinsichtlich des Imports vermag ich allerdings nicht in gleichem Maasse befriedigende Resultate wie beim Export zu bieten; dennoch kann mich der von Herrn Geheimrat Virchow in der Zeitschrift für Ethnologie 18. Bd. 1886 mir gemachte Vorwurf nicht veranlassen meinen skeptischen Standpunkt aufzugeben. „Was den Export betrifft", bemerkt Virchow[2]) a. a. O. S. 288, „so beschränkt er denselben recht einseitig auf die Silbermünzen der nordischen Funde, während man kaum erfährt, dass mit diesen Münzen ein unerschöpflicher Reichtum silberner Schmucksachen über die nordisch-baltischen Länder verbreitet wurde. Gerade diese hätten es verdient,

---

[1]) Es ist eine ziemlich müssige Frage, ob man die von mir bearbeitete Handelsperiode die des arabischen oder iranischen Handels nennen soll, da die auf S. 121 meiner Dissertation gegebene Einschränkung jeglichem Misverständniss des von mir früher gebrauchten Begriffes „Araber" vorbeugt; ich wechsele die Bezeichnung in der Überschrift nur deshalb, weil die häufig wiederholte Betonung dieses Punktes mich hoffen lässt, dass vielen damit ein besonderer Gefallen geschieht. Thatsächlich ist das auf national-persischer Grundlage stehende Sâmânidenreich mit der Blüte des Handels auf's Innigste verknüpft, so dass der Niedergang beider zusammenfällt; doch darf man andrerseits nicht übersehen, dass der Verkehr bereits bestand, als Persien noch in Wahrheit den Arabern gehörte. Die Handelsstrassen ferner führten aus den arabischen Provinzen zu den Völkern iranischer Zunge, von ihnen gen Norden zu ural-altaischen Stämmen, die damals noch den grössten Teil Russlands innehatten schliesslich zu Slawen und Germanen.

[2]) V. stellt sich auf den Standpunkt des Orientalen und bezeichnet mit „Export", was ich „Import" nenne.

einer comparativen Untersuchung in Bezug auf ihren Ursprung unterzogen zu werden.“ Zunächst muss ich auf S. 145 meiner Arbeit verweisen, wo zu lesen ist: „Mit den Münzen zugleich hat man mehrfach Silberperlen von anscheinend orientalischer Arbeit gefunden etc.“, worauf mehrere Nachweise solcher Gegenstände folgen. Sodann habe ich den Import nicht „recht einseitig“ auf die Silbermünzen beschränkt, sondern demselben 15 Seiten exclusive der Münzfunde gewidmet. Schliesslich aber muss ich bekennen, dass, obwohl ich nicht müssig gewesen bin prähistorische Funde nach dieser Richtung zu sammeln, von allen als arabisch verdächtigten Schmuckgegenständen mir bisher keiner zu Gesicht gekommen ist, dessen arabische Provenienz über jeden Zweifel erhaben wäre, obschon ich persönlich bei einem grossen Teil der Filigranarbeiten an eine solche glaube. Durch arabische Inschrift war bisher, so viel ich weiss, keine der bekannten Silberperlen besser beglaubigt, obwohl auch dieses kein untrügliches Merkmal wäre, da ein Analogon zu den Barbarenmünzen und den von Kremer, Kulturgeschichte des Orients unter den Chalifen II 291 und Karabacek, Die liturgischen Gewänder mit arabischen Inschriften aus der Marienkirche in Danzig Wien 1870 S. 7 erwähnten Thatsachen vorliegen könnte. Wir sind heute noch keineswegs in der Lage die Produkte byzantinischer und orientalischer Industrie in jener Epoche, in welcher sich die arabische zunächst meist in engster Anlehnung an die griechische aus dieser entwickelte, in allen Fällen mit genügender Sicherheit zu unterscheiden[1]). Hier aber fehlt es noch fast an sämmtlichen Vorarbeiten, die zunächst von der Erforschung des Orients ausgehen müssen. Wenn Friedlaender in seiner Beschreibung des Fundes von Obrzycko (Berlin 1844) S. 4 sagt: „Er ist von orientalischer Arbeit, nirgends findet sich ein Kreuz, häufig aber Arabesken und Verzierungen von orientalischem Charakter. Nach der mündlichen Versicherung des Herrn Professor Dr. v. Pietraszewki aus St. Petersburg, welcher sich lange im Orient aufgehalten, tragen

---

[1]) Byzantinische Münzen kommen bekanntlich häufig mit arabischen zusammen in den Funden vor.

die Frauen der Fellah's in Syrien und Aegypten noch jetzt gleichen Schmuck", so hilft uns das nicht weit. Zunächst hätte er Herrn v. Pietraszewski fragen sollen, ob jene Perlen syrisches und ägyptisches Fabrikat waren. Sodann hätte der Nachweis erbracht werden müssen, dass die Verhältnisse sich seit dem frühen Mittelalter in dieser Hinsicht nicht verschoben haben, denn auch Industrien pflegen zu wandern, zumal wenn das Vorkommen des Rohproducts nicht einen Ort besonders begünstigt. Doch wir haben der Filigranarbeiten an einem andern Orte zu gedenken.

Naturgemäss bieten die orientalischen Quellen für die Ausfuhr nach den Ländern der Barbaren weit weniger Anhaltspunkte als für die Einfuhr, indem diese zum Gebrauche von Orientalen eingeführt wurde, sie mithin mehr interessirte als der Tand, den sie dafür hingaben. Somit ist die Ausbeute des zweiten Teils dieser Supplemente, wiewohl nicht durch meine Schuld, eine geringe. Auf den Mittelmeerhandel durfte ich natürlich nicht näher eingehen, doch bitte ich ausser Heyd darüber Scheffer-Boichorst, Zur Geschichte der Syrer im Abendlande, Mitteilungen des Instituts für österr. Geschichtsforschung, VI. Bd. 1885, S. 536 ff. zu vergleichen.

Stoffe.

In der Verfertigung kostbarer Stoffe hatte es der Orient, namentlich Persien, schon vor der arabischen Invasion zu bewundernswerten Leistungen gebracht; bis auf den heutigen Tag ist dieser Industriezweig dort nicht gänzlich untergegangen (s. Kremer, Culturgesch. II, S. 285 ff.) Persien, das die Kleiderpracht zuerst bei den aus religiösen Gründen anfangs widerstrebenden Arabern eingebürgert hat, ging auch mit den benachbarten Distrikten in der Erzeugung kostbarer Stoffe voran. Schon wegen der Productivität dieser dem Norden zugewandten Teile des Khalîfenreichs (vergl. z. B. Iṣṭakhrî ed. de Goeje S. 314/5) lässt sich vermuten, dass diese Waaren auch nach Norden verfahren wurden, was arabische Berichte teilweise bestätigen.

Da die Nomadenvölker ural-altaischen Stammes, wie

sich O. Schrader[1]) ausdrückt, „die unerreichbaren Meister" in der Kunst des Filzens sind, so lässt sich bei dem bedeutenden Antheil, welcher ihnen an dem von uns behandelten Handelsverkehr gebührt, vermuten, dass auch Filz bei demselben eine Rolle gespielt habe. Gâḥiẓ bezeichnet bei Tha'âlibî, Laṭâif al-ma'ârif S. 128, den chinesischen Filz als den besten. Nach Jâqût II, 437, Zeile 3 wohnen die Khazaren in Itil in Filzzelten. Vergl. ferner über Filzexport Maqdisi 324, Zeile 12 und 325 Zeile 9.

Was die Schafwollenindustrie anlangt, so war die ṭaberische berühmt (vergl. Kremer, Culturgesch., II, S. 288)[2]). Den besten Flachs der Welt producirte Ägypten. Da aber diese beiden Zweige der Zeugindustrie auch im Norden heimisch waren, wird der Norden auf diesem Gebiete sich meistens selbst beraten haben. Baumwolle und Seide dagegen mussten, wenn sie begehrt wurden, natürlich ausschliesslich aus dem Süden bezogen werden. Erstere erfreute sich bei den Arabern einer besonderen Beliebtheit. Die Baumwollenindustrie wurde in Europa erst durch die Araber bekannt, die sie im 10. Jhd. nach Spanien brachten[3]); mit ihrer Vertreibung ging sie wieder zurück. Vielleicht steht Maqdisi's Nachricht (ed. de Goeje S. 325), dass die durch Münzfunde bei uns häufig vertretene Stadt Schâsch Baumwolle zu den Turk exportire, mit unserem Handelsverkehr in Verbindung.

Es ist bekannt, dass die Araber in den nördlichen

---

[1]) Linguistisch-histor. Forschungen zur Handelsgesch. und Waarenkunde. 1. Teil S. 166.

[2]) Vergl. auch Nikolaus v. Nassakin, die Schafwoll-Production im Kaukasus Österr. Monatschr. für den Orient. 11. Jhrg. 1885 S. 218.

[3]) Bretschneider bemerkt Mediæval Res. II S. 1?2. dass die Baumwollpflanze auch nach China zuerst im 9. od. 10. Jhd. aus Centralasien eingeführt wurde. — Das gepflanzte Schaaf, von welchem im Mittelalter nicht nur abendländische, sondern auch chinesische und arabische Schriftsteller (chinesische schon im 10. Jhd. s. Bretschneider, Med. Res. I S. 154 Hirth, China and the Roman Orient S. 54; arabische: Qazwînî II S. 348 Art: Turkistân.) fabeln, ist nicht auf Baumwolle zu beziehen, sondern Cibotium Barometz.

Provinzen[1]) ihres Weltreichs eine bedeutende Seidenkultur vorfanden und dieselbe von dort aus weiter verbreiteten, ja sogar nach Spanien verpflanzten. Über den mittelalterlichen Seidenhandel im Allgemeinen möge man Heyd's Werk vergleichen[2]); uns interessirt hier natürlich nur die Frage, ob auch die Gebiete des Kaspischen und Schwarzen Meers Seidenwaaren nach Norden verfahren haben.

Der im Norden beliebte Dîbâǵ[3]) wurde nach Maqdisî 325 Zeile 13 von Samarqand zu den Turk exportirt, auch sonst produzirten die am nordischen Handel betheiligten Gegenden diesen Stoff, so Khârezm (Khîwa) nach Maqdisî 325[4]). Hauptsächlich aber wurde griechischer Dîbâǵ[5]) nach dem Norden exportirt und zwar vornehmlich durch die Griechen. So lesen wir Ibn Rosteh ed. Chwolson S. 27: „Wenn die Magyaren mit ihren Gefangenen nach Karkh[6]) kommen, gehen die Griechen heraus zu ihnen, und sie markten dort und geben an sie die Gefangenen ab und nehmen dafür griechischen Dîbâǵ, Wolldecken und andere griechische Waaren." Nach Iṣṭakhrî S. 188, Ibn Ḥauqal 246 nahm der Handel mit Dîbâǵstoffen seinen Weg über Trapezunt. Nach Jâqût II 439 wurde das Gebäude, in dem die Khazarenkönige verbrannt wurden, mit Dîbâǵ ausgelegt. Der Tron des Königs von Bulġâr, welcher Ibn Faḍlân empfing, war mit griechischem Dîbâǵ bedeckt s. Jâqût I S. 724 Zeile 10. Aus Dîbâǵ bestand teilweise die Kleidung des vornehmen Warägers, dessen Leichenfeier Ibn Fadlân beiwohnte, Jâqût II 838 Zeile 1 und 2;

---

[1]) Vergl. Heyd, Histoire du commerce du Levant au mogen-âge I. Lpzg. 1885 S. 38.

[2]) Dass auch der hohe Norden seidene Gewänder zu schätzen verstand, geht aus einer Stelle der Saga vom heiligen Olaf (Antiquités russes I Copenhagen 1850 S. 432) hervor. Schon Rigsmal 31 gedenkt seidener Windeln bei Edlen; auch in der jüngeren Edda wird ein Seidenband erwähnt.

[3]) Vergl. über diesen Stoff meine Handelsartikel 2. Auflage S. 7, beziehungsweise Kremer's Kulturgesch. II S. 290.

[4]) Ǵorǵan produzirte verschiedene Arten seidener Kleider, Jâ'qûbî, K. al-buldân 54.

[5]) So genannt zur Unterscheidung von anderen Arten wie dîbâǵ Khurâsân Maqdisî 324.

[6]) Wahrscheinlich am schwarzen Meere.

auch der Tron, auf dem der Todte sass, war mit griechischem Dibâġ drapirt, Jâqût II 837 Zeile 18. Vergl. ferner Erman's Archiv VII. Band 1849 S. 227/8. Ibn al-Faqîh S. 270.

Bemerkenswert ist auch, dass sich der König der Slaven in Bulġâr einen Hofschneider aus Baġdâd hielt, Jâqût I S. 725 Zeile 17: وخيّاط كان للملك من اهل بغداد

Bekanntlich ist eine sehr grosse Zahl von Stoff- und Kleidernamen noch in unserer Sprache orientalischer Abkunft, vergl. Kremer, Kulturgeschiehte des Orients II S. 339; Francisque Michel, Recherches sur le commerce, la fabrication et l'usage des étoffes de soie, d'or et d'argent et autres tissus précieux en Occident, principalement en France, pendant le moyen âge; Tome I besprochen von Defrémery, Journal Asiatique V. Sér. Tome III 1854 S. 162—174; Weinhold, Deutsche Frauen (namentl. in 1. Aufl. S. 418—426), Prutz, Kulturgesch. der Kreuzzüge S. 408—411[1]); O. Schrader, Linguistisch-histor. Forschungen S. 255/6 und vor allem Alwin Schultz, Das höfische Leben zur Zeit der Minnesänger Bd. 1 Excurs zu Capitel III[2]). Die orientalischen Stoffnamen sind zu sehr verschiedenen Zeiten, einige vor, andere lange nach den Kreuzzügen auf sehr verschiedenen Wegen vom Morgenland zum Abendland gewandert. Da auch die slawischen Sprachen teils Stoffnamen aus dem Orient entlehnt haben, teils bei den bis zu uns gedrungenen Mittelformen aufweisen (vergl. Saweljew, Vom sprachlichen Einflusse des mittelalterlichen

---

[1]) Zu dem über Damast Gesagten vergl. Fränkel, Aram. Fremdw. S. 40.

[2]) Man gestatte einige Bemerkungen zu dem Buche: S. 251. 2. Aufl. S. 334 ist Adramahût (Willeh. 125, 12: Adramahût und Arabî, Die rîchen stet in Môrlant) wohl nicht als Adramiti in Kleinasien, sondern als Hadramaut zu deuten. Südarabien war, wie Kremer in seiner Kulturg. II S. 288 bemerkt, noch in späterer Zeit durch seine Brokate, Linnengewebe und Seidenstoffe berühmt. 2. Aufl. S. 334/6 bemerkt Alwin Schultz: „Alamansura ist die Stadt des Elmansur des Gründers von Bagdâd", während es in der 1. Aufl. S. 251 heisst: Alamansura und Amoravine bezeichnen jedenfalls eine orientalische Lokalität, mag diese nun in Spanien oder Aegypten liegen". Jâqût kennt nur ein Al-mansûra IV S. 663, die bekannte Stadt in Sind, deren Lage allerdings Bedenken erregt. — Die von Salamandern hergestellten Gewebe, die von keinem Feuer verbrennen (1. Aufl. S. 255,

Handels der Russen, Erman's Archiv für wissensch. Kunde Russlands. 7. Bd. 1849 S. 223—230 Miklosich, Die Fremdwörter in den slawischen Sprachen aus den Denkschriften d. kaiserl. Akademie d. Wissensch. Philos.-histor. Klasse 15. Bd. 1867 S. 73—140, Karlowicz, Mémoire sur l'influence des langues orientales sur la langue polonaise. Actes du 6. congrès international des orientalistes tenu en 1883 à Leide. Deuxième Partie, Section 1: Sémitique. Leiden 1885) wäre eine Einwirkung unseres Handelszweiges auf diese Wanderung nicht undenkbar; doch kenne ich kein derartiges Lehnwort im Deutschen, von dem es feststände, dass es schon zur Zeit des kaspisch-baltischen Verkehrs durch die Länder der Slawen zu uns gelangte.[1]) Beachtenswert bleibt immerhin, dass die mittelalterlichen Dichter öfters russische und slawonische Gewebe erwähnen, von denen auch Alwin Schultz S. 255/6 2. Aufl. S. 339 (woselbst man Belege findet) meint,

---

2. Aufl. S. 338) sind Asbest. Man vergl. Lohengr. 6525: „Sie niuwent sich, swenn man sie heizet prennen" mit Qazwînî II 204:

فاذا اتّسخت أُلْقِيَتْ فى النار فذهب عنها الدّرن وصفا لونُها

„Und wenn sie schmutzig sind, wirft man sie ins Feuer, so geht von ihnen die Unreinigkeit weg und es wird rein ihre Farbe". Eine Parallelstelle bei Maqdisî 303 Zeile 13 (sic!) ff. Asbest (ḥaǵaru'l-fatîle) wird auch Qazwînî II 339 erwähnt. Der Seidenstoff Attabi 2. Aufl. S. 340 ist wol das arabische ʻattâbî Dozy Suppl. II. S. 93, de Goeje's Glossar zu den Geographen S. 295/6, Qazwînî II. 227 Artikel: Tebrîz.

[1]) Die meisten dieser Namen kamen durch romanisches Gebiet, so Baldachin (eig. Gewebe aus Baldach = Baġdâd s. Alw. Schultz a. a. O. S. 253, 2. Aufl. S. 336). Joppe, Schaube جُبّة (vergl. Dozy, Vêtements 107—117, Karlowicz a. a. O. S. 421; später scheint Taft (pers. تافته) denselben Weg gewandert. Das Wort cottonum für Baumwolle, aus dem Kattun entstand, arab. قُطن kam im Abendlande nach Heyd II 614 erst am Ende des 13. Jhd., also nach unserer Handelsperiode auf. Auch Atlas scheint noch nicht dem Mhd. anzugehören; im Arabischen findet es sich schon früh. Nach Qazwînî II 227 kam Atlas أطلس aus Tebrîz, nach II 351 aus Ǵenǰa (Elisabetpol); vergl. ferner Qazwînî II 357, Abulfedâ's Annalen IV S. 230, V 80. 344. Uebrigens muss immerhin mit der Möglichkeit gerechnet werden, dass derartige Worte Jahrhunderte lang existirt haben könnten, ohne der Schriftsprache anzugehören. Dagegen kommt Parchent schon im Mhd. in der Form barragân vor, die orientalischen Formen, über die man Dozy, Vêtements S. 68 ff. vergleiche, werden einerseits durch romanische,

dass sie „auf dem Landwege aus dem Orient importirt wurden". Vergl. ferner Schultz S. 228 2. Aufl. S. 306 über den mhd. slavenîe afr. esclavine genannten Mantel. Das Abendland bezog ohnehin Pelze aus dem slawischen Osten. Schliesslich sei noch darauf hingewiesen, dass nach Schultz S. 225 2. Aufl. S. 338 die Dichter mit Vorliebe die Fabrikation der von ihnen gerühmten Stoffe in den (indischen) Kaukasus verlegen, wozu man Schultz S. 251 Parz. 71,11 und 71,25 2. Aufl. S. 334 vergleiche; doch glaube ich kaum, dass hier wirkliche Handelsverhältnisse die Grundlage bilden.[1])

---

andererseits aber auch durch slawische Formen vermittelt. Der mhd. Stoffname buckeram, s. Alwin Schultz a. a. O. Bd. 1 S. 268, 2. Aufl. S. 352, hängt zwar mit Bukhârâ zusammen, weist aber nicht auf directen Bezug von dort her; der Stoff wurde, wie man aus Heyd II S. 703 ersehen kann, beispielsweise noch in Cypern hergestellt. Für das aus dem Persischen stammende Wort „Papuschen", womit vielleicht ostpreussisch „Wuǰen" verwandt, ist die Wanderung durch das Romanische, die Prutz a. a. O. annimmt, sehr zweifelhaft, vergl. Miklosich a. a. O. S. 116.

[1]) Aus einem mir von Herrn Dr. Lissauer in Danzig freundlichst zugesandten Sitzungsbericht der Naturforschenden Gesellschaft daselbst (Anthropolog. Section 9. Februar 1887) erfahre ich, dass gelegentlich der Besprechung meiner Inaugural-Dissertation von einem Mitgliede Herrn Dr. Oehlschläger der Versuch gemacht ist, „die Paramente in unseren Kirchen, welche, aus dem 11. und 12. Jahrhundert stammend, offenbar auch arabischen Ursprungs sind, wie die eingewebten Koransprüche beweisen", mit unserem Handelsverkehr in Verbindung zu bringen. Zunächst bemerke ich, dass ich diese Frage in eben dieser Dissertation S. 139 ff. eingehend ventilirt habe, so dass die Form eines belehrenden Nachtrages unverdient wäre. Ferner stammen die Danziger Paramente, welche Herr Dr. Oehlschläger wol zunächst im Auge hatte, nicht aus dem 11. und 12., sondern meist aus der ersten Hälfte des 14. Jhd., wie Prof. Karabacek in seiner trefflichen Arbeit „Die liturgischen Gewänder mit arab. Inschriften aus der Marienkirche in Danzig (Sonderabdr. aus dem V. Jahrg. d. Mitt. des österr. Museums für Kunst und Industrie) Wien 1870" gezeigt hat. Drittens ist der „offenbare arabische Ursprung" bei vielen offenbar nicht vorhanden, da sie norditalienische Nachahmungen sind. Viertens sind die arabischen Inschriften zum allergeringsten Teil Qorânverse, und diese beweisen bekanntlich noch lange nicht den arabischen Ursprung, wenn auch einige Stücke im vorliegenden Falle in der That aus ägyptischen Originalstoffen bestehen. Fünftens ist auch die im Folgenden aufgestellte Behauptung „Obgleich man gewöhnlich annimmt, dass diese Prachtgewänder durch die Kreuzzüge nach dem Abendlande gekommen sind etc." unrichtig, da diese Annahme seit Karabacek's Arbeit, die 1870 erschien, Niemanden

mehr in den Sinn gekommen ist. Auch im Dom zu Chur befindet sich ein ähnliches Gewand, dessen Inschrift (انسلطان الملك الناصر) von Hitzig ganz falsch gelesen (الله اخنال تنا اعله), von Keller (Mitteilungen der antiquarischen Gesellsch. zu Zürich. 11. Bd. Zürich 1856—7) auf dem Kopf stehend abgebildet, das von Letzterem über es Gesagte hinfällig macht. Ueber den Krönungsmantel im Schloss zu Ofen, der 1031 von Stephan's Gemahlin Gisela nach Stuhlweissenburg gestiftet wurde, vergl. Heyd, Histoire du commerce du Levant I, Lpz. 1885 S. 84 Anm. 1. S. ferner Prisse d'Avennes, L'art arabe Text S. 226/7, Abbildung Pl. CLVII, Journal Asiatique. 5. Sér. Tome 3. 1854 S. 164 ff. Gildemeister in den Jahrbüchern des Vereins von Altertumsfreunden im Rheinland. 49. Bd. Bonn 1870 S. 119 Anm. 2. Bekanntlich weisen auch einige der deutschenReichskleinodien arabische Inschriften auf, so der Krönungsmantel (abgebildet in Bock's Prachtwerk: Die Kleinodien des heiligen römischen Reichs deutscher Nation Taf. VI, Fig. 8, Text S. 27—31), die Kaiserliche Albe (ebendas. Taf. VII, Text S. 32—35), ja sogar der kaiserliche Strumpf (ebendas. Taf. XII, Fig. 15 u. 16, Text S. 56—60). Doch wurden diese Stücke, wie die arabischen Inschriften besagen, im 12. Jahrh. zu Palermo hergestellt und gelangten wahrscheinlich durch Kaiser Heinrich VI, der die Schatzkammer des Normannenkönigs Wilhelm II auf 150 Saumtieren in die Heimat bringen liess, nach Deutschland. Die früher für arabisch gehaltenen Stoffe des Klosters Wienhausen, jetzt im Germanischen Museum, sind norditalienische Imitationen aus dem XIV. Jhd. vergl. Karabacek, Merkmale zur Bestimmung saracenischer Kunst- und Industrie-Denkmäler S. 3. Mit dem persisch-nordischen Verkehr stehen demnach alle diese Gegenstände in keinem Zusammenhange.

Metall-Spiegel.

P. Savélieff (Sur l'importance des études d'archéologie et de numismatique orientales pour la Russie in den Mémoires de la société d'archéologie et de numismatique de St. Pétersbourg. Vol. I 1847 S. 195/6) berichtet, dass Metallspiegel, welche man im Gebiet der Wolga-Bulgaren ausgegraben, bei Baġdâd gefundenen glichen. Dorn, Das asiatische Museum der kaiserl. Akad. d. Wissensch. zu St. Petersburg 1846 S. 133 u. 134 erwähnt unter No. 5, 6, 7, 8, vier solche Spiegel (2 im Original). No. 7 soll aus einem Grabe bei Saratow stammen. No. 6 ist mit dem von Frähn in den Mémoires de l'acad. impér. des sciences de St. Pétersbourg. Tome VIII 1822 S. 557 ff.. beziehungsweise Antiquitatis muhammedanae monumenta varia. Particula II Petersburg 1822 S. 61 ff. beschriebenen und Tafel XV abgebildeten identisch. Das Orginal soll aus dem Gebiet der alten Wolga-Bulgaren stammen und befand sich in Kasan. Über ein ähnliches Exemplar mit Tierdarstellungen und verwandter kûfischer Schrift, dass am Ob bei Samarow von den Ostiaken verehrt wurde, s. Strahlenberg, Das Nord- und Östl. Teil v. Europa und Asia. Stockholm 1730 S. 317; zu Kehr's Übersetzung der Inschrift desselben vergl. Chr. G. von Murr, Beyträge zur arabischen Literatur. Erlangen 1803 S. 36. Reinaud spricht Description des monumens musulmans du cabinet de M. le duc de Blacas. Tome II 1828 S. 390—420 über Spiegel und sagt S. 392/3 von Metallspiegeln mit arabischen Inschriften: „Il existe dans les cabinets d'Europe un grand nombre de ces miroirs venus de l'Égypte, de la Mésopotamie, mais surtout des provinces méridionales de l'empire russe, aux environs de la Mer Noire et de la Mer Caspienne. Dans ces dernières contrées, on les trouve ordinairement dans les tombeaux des anciens habitans du pays, placés sur la poitrine des morts (Voyez Pallas, Voyage dans plusieurs provinces de l'empire de Russie, trad. franç. éd. in-

8°, t. I p. 227 t. VI p. 289; voyez aussi le Journal asiatique t. VI p. 231)" Vergl. Tafel VIII u. IX in Reinaud's genannter Arbeit. Ferner Pocockes Beschreibung des Morgenlandes. 1. Theil. Aus dem Engl. übers. durch Chr. E. v. Windheim. Erlangen 1754 S. 293; Ives Reisen nach Indien und Persien. Übers. v. Dohm. 2. Th. Lpzg. 1775 S. 124;

sowie die vortrefflichen Abbildungen bei Prisse d'Avennes, L'art arabe Tafel 164 nebst S. 225/6 des Textes; de Sacy, Mémoires sur diverses antiquités de la Perse. Paris 1793 S. 223; sowie endlich Longpérier, Oeuvres Tome I Paris 1883 S. 394 ff.: Miroir arabe à figures, wo ein Spiegel desselben Stils aus Alexandria, der Tafel VIII abgebildet ist, beschrieben wird. Herr Professor Euting, dem ich auch einige der obigen Litteraturangaben verdanke, machte mich darauf aufmerksam, dass sich eine ähnliche Metallplatte auch im städtischen historischen Museum zu Frankfurt a. M. befinde; der Director des Museums hatte die Freundlichkeit mir über dieses Exemplar folgende Mitteilung zu machen: „Woher diese Platte stammt, ist mir gänzlich unbekannt. Als ich die Einrichtung und Ordnung des städt. Museums 1877 übernahm, fand ich dieselbe bereits im städtischen Besitze vor. Die Darstellung und umlaufende Schrift auf der Platte sind übrigens nicht eingravirt, sondern in erhabener Arbeit gegossen. Die beiden Ungeheuer sind Tigergestalten mit Frauenköpfen und schmalen über den Vorderfüssen vom Schulterblatt ausgehenden Flügeln, welche in ornamentaler Weise endigen." Ein ähnliches Exemplar, eine Copie, deren Verfertiger die Bestimmung des Gegenstandes verkannte, erwarb Herr Professor M. Hartmann in Beirût und stellte es mir für obige Abbildung freundlichst zur Verfügung. Übrigens geht aus dem Charakter der Schrift hervor, dass diese Spiegel frühestens dem Ende unserer Handelsperiode angehören können. Durch Vergleichung von Inschriften namentlich Münzinschriften werden sich vielleicht noch neue Anhaltspunkte für Herstellungszeit und -ort dieser Spiegel ergeben.

Schmuck.

Silber-Filigran.

Le Bon (La civilisation des Arabes. Paris 1884) bildet S. 539 und 540 zwei Schmucksachen aus Syrien ab, die manche Ähnlichkeit mit den in der prähistorischen Abteilung des königl. Museums für Völkerkunde zu Berlin[1]) ausgestellten Hacksilberfunden der arabischen Handelsperiode aufweisen, nach derartigen Vorbildern und durch Vergleichung der erhaltenen Bruchstücke würde vielleicht eine teilweise Reconstruction aus letzteren möglich sein. Ähnliche Hacksilberfunde besitzt das Danziger Provinzial-Museum und überhaupt wol jede grössere Sammlung innerhalb des kûfischen Münzfundgebietes. Vergl. auch die Abbildungen bei Montelius, Die Kultur Schwedens in vorchristl. Zeit übers. von Carl Appel, Berlin 1885 S. 157; und die Tafeln bei Dorn Das asiat. Museum der kaiserl. Akademie der Wissenschaften zu St. Petersburg, Petersburg 1846; die dort abgebildeten Gegenstände wurden 1836 im Gouvernement Jaroslaw gefunden und von Frähn in Dorn's Asiat. Museum S. 500—508 beschrieben; jener vermutete, dass sie zu dem Pferdegeschirr eines Wolga-Bulgaren aus dem 10. Jhd. D. gehört hätten. Hinsichtlich der Frage, ob diese Arbeiten wirklich im Orient hergestellt wurden, ist zur Zeit noch wenig Sicheres zu sagen. Heute besteht in Syrien (Beirût) Silber-Filigran-Industrie; desgleichen, was für uns wichtiger ist, im Norden Persiens, namentlich in Zengân, wie mir der beste Kenner des Landes, Herr Dr. Andreas, mitzuteilen die Güte hatte. Doch scheint diese in Zengân wenigstens modern; Dupré fand, wie es scheint, dieselbe dort noch nicht vor, da er Voyage en Perse II S. 214 bemerkt: „L'industrie des habitans ne s'exerce dans

---

[1]) Man ist in dieser Abteilung mit der Bezeichnung „arabische Industrie“ ein wenig freigebig gewesen.

aucun genre de manufacture". Von Silberarbeiten aus Syrien besitzt Herr Professor M. Hartmann in Berlin eine schöne Sammlung; im Allgemeinen ist der Typus dieser Sachen ein gröberer als derjenige unserer prähistorischen Funde, doch erinnern manche Détails an dieselben; echtes Filigran ist selten vertreten. Vermutlich würde die nordpersische Filigranindustrie der Gegenwart noch mehr Analoga aufweisen, doch ist von ihr in Deutschland wenig bekannt; auch das Museum für Völkerkunde besitzt keine Proben. Wenn man übrigens bisweilen das Vorkommen silberner Halbmonde für arabische Herkunft eines Fundes geltend macht, so vergesse man nicht, dass zur Blütezeit des kaspisch-baltischen Handels der Halbmond, welcher allerdings als Schmuck alt ist, noch nicht Symbol des Islam war. Eine Publikation der verdächtigen Schmucksachen, die natürlich ohne Reisen und kostspieligen Tafeldruck nicht unternommen werden könnte, wäre vielleicht verdienstlich, doch bleibt das Studium des orientalischen Kunsthandwerks im Mittelalter und die leider arg vernachlässigte archäologische Erforschung des mittelalterlichen Orients in ganz anderem Maasse als bisher die Voraussetzung zur Fruchtbarmachung solcher Studien.

Glasperlen.[1])

Ibn Faḍlân sagt (ed Frähn S. 4, Jâqût ed. Wüstenf. II 835) von den Warägern:

واجلّ الحلى عندهم الخرز الاخضر من الخزف الذى يكون على السفن
يبالغون فيه ويشترون الخرزة منه بدرهم وينظمون عقدا لنسائهم

‚Ihr grösster Schmuck besteht in grünen Tonkügelchen[2]), welche auf den Schiffen sind[3]). Sie übertreibens darin und kaufen das Kügelchen um einen Dirhem und reihen sie auf zu einem Halsband für ihre Weiber''.

Natürlich kann die Möglichkeit arabischen Imports nur für die weniger kunstreichen Perlen in Anspruch genommen werden, über die man Kruse a. a. O. vergleiche, da die klassische Epoche der Glasperlen unserer prähistorischen

[1]) Schon Friedr. Kruse (Necrolivonica. Dorpat 1842 Beilage C S. 29) meinte, dass einige in den Ostseeprovinzen gefundenen Perlen aus

Funde etliche Jahrhunderte vor der des arabischen Handels liegt. Bereits Frähn brachte (a. a. O. S. 88/9 Anm.) mit dem vorstehenden Berichte Ibn Faḍlân's die Thatsache in Verbindung, dass das Wort für Glasperle im Russischen „biser" ein arabisches Lehnwort „busra" ist. Schon Oleg (Helgi) sagte zu Askold und Dir, als er sich für einen Kaufmann ausgab: „Ich habe viel grossen und kostbaren „biser" s. Erman's Archiv für wissenschaftliche Kunde von Russland 7. Bd. 1849 S. 227. Karlowicz bemerkt a. a. O. S. 426 zu polnisch kanak „collier des femmes, tat. azerbeïdjan kānuk ou kanak même signification."[1])

musivisch zusammengeschmolzenem Glase ägyptischen Ursprungs seien, weil Seetzen genau solche Perlen aus den Katakomben Aegyptens mitgebracht habe. Die Zahl derselben unter den prähistorischen Funden Nord-Europas ist eine sehr grosse; ihre Technik oft bewundernswert; die Aehnlichkeit der zum Schmuck einer äthiopischen Königin gehörigen, beim alten Meroe gefundenen und im Aegyptischen Museum zu Berlin (Vorderasien No. 1757) aufbewahrten Glasperlen aus der römischen Kaiserzeit mit denen, welche neuerdings Herr Geheimrat Grempler in Kertsch und dem Kaukasus für das Berliner Museum für Völkerkunde erworben hat, in der That eine so überraschende, dass an einen Zufall nicht gedacht werden kann, sondern gemeinsamer Ursprung angenommen werden muss. Vergl. auch Correspondenzblatt d. deutschen Gesellschaft für A. E. & U. 1872 S. 3: „Dr. Ebers sah im Rigaer Museum Mosaikperlen, die ihn aufs Unmittelbarste an ägyptische Perlen gemahnten"; ferner über im Ural gefundene Glasperlen und deren Herstellung Teplouchoff's Aufsatz im Archiv für Anthropologie. 12. Bd. 1880 S. 217 ff. und die dazu gehörigen Abbildungen auf Tafel V. Auch die Araber scheinen derartige Kunst-Glasperlen noch hergestellt zu haben. Im 2. Jhd. H. zeichnete sich, wie Kremer, Culturgeschichte II 281, mitgeteilt hat, Abû Ibrâhîm Isḥâq ibn Nuṣair durch Kenntnis in Glasarbeiten aus und verfasste unter anderm ein Buch, welches auch über Glasflüsse (سيول الزجاج) handelte, obzwar aus der angezogenen Fihriststelle (360) noch nicht klar hervorgeht, dass er „sogar aus Glas die Herstellung falscher Perlen versuchte".

[2]) خرز الزجاج Glasperlen wurden von den Kaufleuten nach Qazwînî II 11 von Segelmâsa (Tafilâlt) nach der Goldküste importirt. Heute ist der Import oberitalienischer Glasperlen nach Ostafrika recht belangreich. Vergl. Kolonial-politische Korrespondenz, 3. Jahrg., No. 16. Berlin 23. April 1887.

[3]) Vergl. Frähn's Anmerkungen zu dieser Stelle.

[1]) Ueber span. abalorio aus البلور s. Eguilaz z Yanguas, Glosario etimológico de las palabras españolas etc. S. 6|7.

Kaurimuscheln.

Obwohl es sehr verlockend ist die in baltischen Funden aus vorgeschichtlicher Zeit häufig vorkommenden Kaurimuscheln Cypraea moneta, welche im indischen Ocean, aber auch im Roten Meere lebt (vergl. Verhandlungen der Berliner Gesellsch. für Anthropologie, Ethnologie und Urgeschichte, Jahrg. 1877 S. 392) mit dem arabischen Handel in Verbindung zu bringen, scheinen doch die Funde, so weit sie datirbar sind, einer älteren Periode anzugehören. Ein einziger Fund ist mir bekannt geworden, in dem Kaurimuscheln zusammen mit kûfischen Münzen des 9. und 10. Jhd. auftraten; derselbe wurde in Schweden auf der Insel Björkö und zwar der im Mälarsee gemacht; vergl. über ihn Globus 26. Bd. 1874 S. 240 und Andree, Geographie des Welthandels. 1. Bd. 2. Aufl. S. 23. Natürlich bedarf derselbe weiterer Beglaubigung, da andere Funde für vorarabischen Import zu sprechen scheinen. So traf man einmal eine Kaurimuschel im Ohre einer bei Stangenwalde (Kreis Karthaus) ausgegrabenen Gesichtsurne an; siehe darüber Berendt, Die pommerellischen Gesichtsurnen. Bd. I Königsberg 1872 S. 29. Ferner wurde auf dem Neustädter Totenfelde bei Elbing, dessen Altertümer den ersten Jahrhunderten unserer Zeitrechnung angehören sollen, eine cypraea moneta gefunden. (Der anthropol. Section der Danziger Naturforschenden Gesellsch. vorgelegt am 9. Dezember 1885). Kruse erwähnt Kaurimuscheln in den Ostseeprovinzen gefunden: Mémoires de la société royale des antiquaires du nord 1836—39. Copenhague S. 356 Prof. A. Kirchhoff bemerkt in einer Besprechung meiner Inaugural-Dissertation in der Kreuzzeitung 5. Nov. 1887, dass Kaurimuscheln noch heute im Wolgalande beliebt sind. Er fand den Gürtel bei mordwinischen Bäuerinnen mit Kauris, Bernsteinperlen und Metallknöpfen besetzt. In Deutschland findet man sie noch bisweilen zur Verzierung von Pferdegeschirr verwandt. Dasselbe berichtet Wellsted Reisen in Arabien. Deutsche Bearbeitung von Rödiger.

1. Bd. S. 209 von den Kameelen der Araber. Mas'ûdî spricht in seinen Murûǵ edh-dhahab I S. 337 über Kaurimuscheln und kennt ihren Gebrauch als Geld; ihr arabischer Name ist ودع vergl. Dozy, Suppl., Muslim's Dîwân ed. de Goeje LXXVII, Demiri II 343 Andree a. a. O. S. 25. Als Handelsartikel in Afrika werden sie zusammen mit Glasperlen von Ibn al-Wardi genannt s. Frähn, Ibn Fadlân S. 89/90, Devic, Le pays des Zendjs S. 168 Anm. 1.

Westlich der Oder scheinen übrigens Kaurimuscheln nicht mehr vorzukommen.

Waffen und Geräte.

Schwerter.

Vergl. meine Handelsartikel 2. Aufl. S. 67 Anm, 1. Die orientalischen Lehnwörter auf diesem Gebiet wie Handschar, Yatagan etc. gehören wahrscheinlich sämmtlich einer späteren Zeit an; über pers. kârd s. Karlowicz a. a. O. S. 423. In der sogenannten Chronik des Nestor findet sich eine merkwürdige Stelle (Leger's Übers. in den Publications de l'école des langues orientales vivantes. II. Série. Vol. XIII. S. 196), dass hinter den Jugriern ein Volk wohne, welches ein unverständliches Idiom redet und durch Geberdensprache Eisen verlangt. Wann man ihnen dann Eisen, ein Messer oder eine Axt giebt, bringen sie Felle als Tauschartikel.

Harpunen.

Zum nordischen Walfischfang verwendete Harpunen wurden, wie ich schon in der ersten Beilage zu meinen Handelsartikeln nachgewiesen habe, aus Âdherbeiġân bezogen. Abû Ḥâmid Bl. 54 der Gothaer Handschrift, wozu man Qazwînî II 418 vergleiche, lässt darüber keinen Zweifel. Erstere Stelle lautet:

وتخرج التجار من بلغار الى ولاية من الكفار يقال لهم ايسو منهم
القندر ويحملون اليهم السيوف التى تتّخذ بآذربيجان نصال بغير تجلية
تشترى فى آذربيجان اربعة بدينار ويسقونها سقيا كثيرا حتّى اذا علقوا النصل
بخيط ونقره ظفر تيسف فذلك الذى يصلح لهم فيشترون بها القندر
ويذهب اهل ايسو بتلك السيوف الى ولاية قريبة من الظلمات مُشْرِفة على البحر
الاسود يبيعونهم تلك السيوف بجلود السمور . . .

Die Kaufleute gehen von Bulġâr nach einem Land der Ungläubigen, das Îsû[1]) genannt wird, von wo der Biber kommt. Sie bringen Schwerter dahin, welche sie in Adherbeiǵân erstehen, Klingen - unpolirt. Man kauft im Adherbeiǵân 4 für einen Dinâr. Man begiesst dieselben häufig mit Wasser, so dass, wenn man die Klinge an einen Faden hängt und dagegen schlägt, sie summt wie eine Fliege[3]. Und das ist es, was ihnen convenirt. Sie kaufen für jene Klingen Biber. Die Bewohner von Îsû gehen nun mit diesen Schwertern nach einem der Finsterniss nahen Lande, liegend am schwarzen Meer[2] und verkaufen diese Schwerter um Zobelfelle. (Die nun nehmen von diese Klingen und werfen sie ins schwarze Meer. Dann lässt Allâh für sie einen Fisch herauskommen etc.)

---

[1] Vermutlich Wîsû, das Land der Wessen.

[2] al-bahr al-aswad für den atlantischen Ocean: Qazwînî II 338/9.

[3] In der Handschrift steht طن كبير

Gewürze.

Qazwini erzählt II 409 von der Stadt Mainz: „Dort giebt es Dirhems aus der Samarqander Münze vom Jahre 301 und 302 mit dem Namen des Münzherrn und dem Datum der Prägung; Ṭarṭûschî sagt: Ich halte sie für Münzen des Sâmâniden Naṣr ibn Aḥmad. Ferner ist es auffällig, dass es dort Gewürze giebt, die nur im fernsten Morgenlande vorkommen, während sie [die Stadt Mainz] im fernsten Abendliegt z. B. Pfeffer, Ingwer, Gewürznelken, Spikanarde[1]), Costus[2]) und Galanga[3]); sie werden aus Indien importirt, wo sie in Menge vorkommen.“ Dieser Bericht reicht in die nordisch-baltische Handelsperiode zurück, denn der genannte Ṭarṭûschî war, wie ich in der Vorrede zu meiner Arbeit „Ein arabischer Berichterstatter etc. Berlin 1890“ und in der 2. Aufl. meiner Handelsartikel S. 79/80 nachgewiesen habe, zur Zeit Otto des Grossen in Deutschland. Für uns entsteht hier die Frage, ob die genannten Gewürze vielleicht denselben Weg, wie die in Ost-Deutschland auftretenden Sâmânidenmünzen, deren Strasse wir kennen, gewandert sind. Nach dem bisher von mir gesammelten Material scheint dies nicht der Fall gewesen zu sein.

---

[1])sumbul s. Birdwood, Catalogue of the vegetable productions of the presidency of Bombay. 2. ed. Bombay 1865 S. 46; Sanguinetti Journ. Asiat. 1866, VI. Sér., T. VII, S. 306; Lassen, Indische Altertumskunde. 2. Aufl. I 338/9; Qazwînî I 286, II 52, 53, 338.

[2]) qusṭ. vergl. Heyd, Histoire du commerce du Levant II S. 610 1, Lassen, Indische Altertumsk. 2. Aufl. I S. 337. Nach Qazwînî II 338 Art. al-Andalus auch in Spanien.

[3]) Vergl. Heyd II S. 616—618.

Zeitfracht Medien GmbH
Ferdinand-Jühlke-Straße 7
99095 Erfurt, Deutschland
produktsicherheit@kolibri360.de